KB116438

아무도 가르쳐 주지 않는 영작문

WRITING 절대 매뉴얼

아무도 가르쳐 주지 않는 영작문
WRITING 절대 매뉴얼 실전편 (The Absolute Writing Manual 2)

지은이 유원호
펴낸이 임상진
펴낸곳 (주)넥서스

초판 1쇄 발행 2019년 3월 5일
초판 4쇄 발행 2022년 10월 14일

출판신고 1992년 4월 3일 제311-2002-2호
주소 10880 경기도 파주시 지목로 5
전화 (02)330-5500 팩스 (02)330-5555

ISBN 979-11-89432-96-6 13740

www.nexusbook.com

THE ABSOLUTE

아무도 가르쳐 주지 않는 영작문

WRITING 절대 매뉴얼 실전편

유원호 지음

넥서스ENGLISH

이 책 기대됩니다

문어체 문법(Brevity, Clarity, Elegance) 감사합니다. 저는 독학으로 영어 공부를 하는 직장인입니다. 책 한 권이 보배예요. 〈chrrysmile@naver.com〉

유원호 저자님의 책을 접하게 되어 감사드립니다. 유원호 저자님의 책은 "Beauty is truth." 이런 시구처럼 문장 하나하나가 굉장히 강렬해요. 문법서는 어렵고 딱딱하다는 상식을 완전히 뒤엎어버렸어요. 직장인으로 일상에 파묻혀 버리기 전에 감사 인사를 꼭 하고 싶었어요. 〈jkh0418@hanmail.net〉

교수님의 책을 처음 만나게 된 곳은 GRE 학원에서입니다. 같이 수강하던 학생이 교수님의 저서인 〈Writing 절대 매뉴얼-입문편〉을 읽고 있었고, 저는 호기심에 몇 장 넘겨보고, 영감을 받아 곧바로 구입하였습니다. 책 내용이 너무나 좋았고, 교수님의 다른 절대 매뉴얼 책과 〈영어습득의 이해〉 또한 구입하였습니다. 교수님의 책은 내용적인 측면에서나 삶을 바라보는 태도(특히 발음책)에서 너무 좋았습니다. 저 또한 외국에 나갈 예비 학생으로서 정말 잘하고 싶은 마음이 크네요. 많은 힘과 비전을 얻었습니다. 책에도 나와 있듯이 한국에는 교수님 같은 분이 필요합니다! 〈dg.kim2221@gmail.com〉

안녕하세요! 대구외국어고등학교 학생 ***이라고 합니다! 일단 미국 현지 영어와 한국에서 배운 영어는 너무 달랐고 진짜 1년도 남기지 않은 채 SAT, AP, TOEFL 등의 시험을 준비해야 했습니다. 학교에서 저를 도와줄 분도 안 계셨고, 집은 전주에 있고 학교는 대구에 있는 터라 홀로 끙끙거리며 공부하던 중에 교수님께서 쓰신 〈Writing 절대 매뉴얼-입문편〉과 〈Grammar 절대 매뉴얼〉을 만났습니다. 그 두 권의 책을 여러 번 정독하고 익힌 뒤에 비로소 점수가 올라 TOEFL은 20점 정도, SAT는 500점가량 올랐습니다. 또한 책 앞에 짤막하게 적혀 있는 교수님의 소개문에 너무 감명받아 힘들 때마다 읽고 버텼던 것 같습니다. 정말 이 두 권의 책은 남한테 소개해 주기조차 너무 아까운 그런 최고의 영어 책인 것 같습니다. 진심으로 독자의 이해력을 고려해서 쓰신 노고가 느껴졌고, 그런 교수님의 책에 대한 애정과 영어에 있어서의 전문성이 이 두 책을 다른 수많은 영어 책들 사이에서 차별화시키는 것 같습니다. 또한 요즘 〈영어 듣기·발음 절대 매뉴얼〉을 읽으면서 또다시 감동을 받고 있습니다. 선생님의 책이 아니었다면 저는 유학 길을 포기했을 겁니다. 혹은 제 꿈을 포기하고 현실을 받아들였겠죠. 감사합니다. 〈pjjpjb0107@naver.com〉

Intro 들어가는 말

〈미국 수업시간에 배우는 Writing 절대 매뉴얼-입문편〉이 발간된 지 어느덧 7년이 넘었습니다. 〈Writing 절대 매뉴얼-입문편〉이 출간되기 전에는 '혹시 책이 너무 어렵지는 않을까?'라는 걱정도 들었지만 오히려 많은 독자와 학생들로부터 그동안 궁금했던 것들을 해소해 주는 책이라는 평을 듣고 마음이 뿌듯했습니다. 〈Writing 절대 매뉴얼-입문편〉을 시작으로 〈Grammar 절대 매뉴얼-실전편〉, 〈Grammar 절대 매뉴얼-입문편〉, 〈영어 듣기·발음 절대 매뉴얼〉과 〈Speaking 절대 매뉴얼〉이 차례로 발간되었고 이제 〈Writing 절대 매뉴얼-실전편〉이 발간되게 되었습니다.

이 책은 〈Grammar 절대 매뉴얼-실전편〉과 〈Writing 절대 매뉴얼-입문편〉에서 심도 있게 다루지 못한 내용을 담고 있습니다. 다음과 같은 궁금증을 풀어주는 책이죠.

- fall은 자동사인데 어떻게 He picked up the leaves fallen under the tree.라는 문장이 가능하지?
  (fallen = that have fallen ≠ that were fallen)
- '사람이 많다.'를 왜 *People are many.로 쓰면 안 될까?
- *Korea has and always will be my second home.은 왜 비문이지?
- 내 주장의 근거를 세 개 나열하고 싶은데 one, another 다음 세 번째는 뭐라고 하지?
- 표절 시비에 휘말리지 않으려면 말바꿔쓰기(paraphrasing)를 잘해야 한다는데 말바꿔쓰기는 어떻게 하는 거지?

이 책에서 예시 앞 *표기는 틀린 표현을, ?표기는 어색한 표현을 의미합니다.

〈Writing 절대 매뉴얼-실전편〉은 총 세 개의 Part로 이루어져 있습니다. 모든 글쓰기는 단어와 구에서 시작합니다. 단어와 구가 모여 문장을 이루고, 문장과 문장이 모여 담화(discourse)를 이루죠. 글쓰기에서는 담화가 단락으로 표현되고 단락들이 모여 비로소 하나의 작문을 이룹니다. 이와 같은 글쓰기의 구성에 맞춰 Part 1에서는 단어와 구, Part 2에서는 문장과 담화, Part 3에서는 학술적 글쓰기를 가꾸고 다듬는 방법을 설명하였습니다.

짧은 어구나 단문을 제외한 이 책의 모든 예문은 원어민에 의해 사용된 문장들입니다. 원서에서 직접 찾은 예문들은 주를 달아서 표시하였고, 코퍼스(Corpus of Contemporary American English(COCA), https://corpus.byu.edu/coca/)에서 추출한 예문은 각 예문이 사용된 연도와 장르를 표기하였습니다. 예를 들어 (COCA:2017:ACAD)는 COCA코퍼스의 academic journals(학술지) 장르에서 2017년에 사용된 예문이라는 뜻입니다. (NEWS, MAG, FIC는 각각 newspapers(신문), popular magazines(인기 잡지), fiction(소설) 장르를 나타냅니다.)

글쓰기는 결국 자기의 생각을 표현하는 수단입니다. 글쓰기를 잘하기 위해서는 초안을 작성한 뒤 최종 원고가 완성되기까지 계속 다시 쓰기를 하며 초안을 가꾸어야 합니다. 〈Writing 절대 매뉴얼-입문편〉에서는 영어 글쓰기의 기본적인 틀을 잡는 법을 알려드렸고, 〈Writing 절대 매뉴얼-실전편〉에서는 단어와 구, 문장과 담화, 그리고 학술적 글쓰기를 효과적으로 가꾸는 방법을 알려드립니다.

이 책이 나오기까지 많은 분들의 도움이 있었습니다. 지난 10여 년간 변함없는 관심과 지지를 보내주신 넥서스 출판사 관계자 여러분, 그리고 예문 해석과 원고 교정에 도움을 주신 이영은 님과 선우현 님께 감사드립니다. 무엇보다, 이름을 나열할 수 없는 수많은 저의 학생들과 독자분들에게 진심 어린 감사의 마음을 전합니다.

저자 유원호

이 책의 구성 및 특징

알쏭달쏭 Q&A

각 Lesson 도입부에서는 해당 내용과 연관된 핵심 의제를 Q&A 형식으로 제공합니다. 문제를 먼저 보고 나서 답을 고른 후 정답을 확인해 보세요.

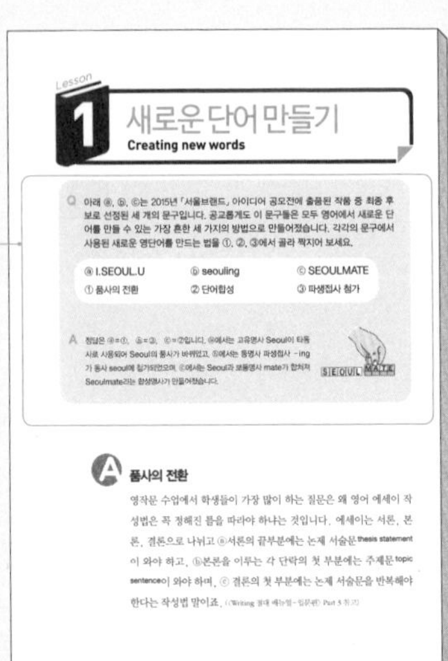

Lesson 1 새로운 단어 만들기
Creating new words

Q 아래 ⓐ, ⓑ, ⓒ는 2015년 「서울브랜드」 아이디어 공모전에 출품된 작품 중 최종 후보로 선정된 세 개의 문구입니다. 공교롭게도 이 문구들은 모두 영어에서 새로운 단어를 만들 수 있는 가장 흔한 세 가지의 방법으로 만들어졌습니다. 각각의 문구에서 사용된 새로운 영단어를 만드는 법을 ①, ②, ③에서 골라 짝지어 보세요.

ⓐ I.SEOUL.U	ⓑ seouling	ⓒ SEOULMATE
① 품사의 전환	② 단어합성	③ 파생접사 첨가

A 정답은 ⓐ=①, ⓑ=③, ⓒ=②입니다. ⓐ에서는 고유명사 Seoul이 타동사로 사용되어 Seoul의 품사가 바뀌었고, ⓑ에서는 동명사 파생접사 -ing가 동사 seoul에 첨가되었으며, ⓒ에서는 Seoul과 보통명사 mate가 합쳐져 Seoulmate라는 합성명사가 만들어졌습니다.

SEOUL MATE

A 품사의 전환

영작문 수업에서 학생들이 가장 많이 하는 질문은 왜 영어 에세이 작성법은 꼭 정해진 틀을 따라야 하냐는 것입니다. 에세이는 서론, 본론, 결론으로 나뉘고 ⓐ서론의 끝부분에는 논제 서술문thesis statement이 와야 하고, ⓑ본론을 이루는 각 단락의 첫 부분에는 주제문topic sentence이 와야 하며, ⓒ 결론의 첫 부분에는 논제 서술문을 반복해야 한다는 작성법 말이죠.

소제목

단락마다 주요 내용을 쏙쏙 뽑은 소제목만 읽어도 전체 내용을 파악할 수 있습니다.

에세이 작성법은 저자와 독자 사이의 일종의 약속입니다. 독자의 예상과 다른 작성법으로 글을 쓴다면 독자는 혼란에 빠질 수 있겠죠. 에세이 작성법처럼 영어의 단어가 만들어지는 방법도 정해져 있습니다. 그 방법을 알면 누구라도 새로운 영단어를 만들 수 있습니다.

품사의 전환으로 문장을 간결하게

영단어를 만드는 법은 여러 가지가 있지만, 그중 가장 흔히 사용되는 것은 ① 품사의 전환conversion, ② 단어합성compounding, ③ 파생접사 첨가derivational affixation입니다.[1] 이 세 가지 중에서 가장 간단한 것은 품사의 전환(=동일한 단어를 다른 품사로 사용하는 것)입니다. 품사의 전환을 사용하면 ①에서처럼 문장을 간결하게 만든다는 것입니다.

①-1 Some workers are finding that they have to pay to get access to their wages. (COCA:2016:NEWS)

①-2 Some workers are finding that they have to pay to access their wages.

access는 원래 명사였습니다. 따라서 '접근하다'라는 뜻으로 get access to ~라는 표현이 사용되었습니다. 그러나 지금은 access가 동사로도 됩니다. call, cut, look, walk, drive처럼 동사가 명사로 전환된 경우도 있지만, 새로운 명사가 생기면 그 명사는 곧 동사로 사용되는 경우가 많습니다. email, Xerox, FedEx, Google 등이 좋은 예이죠.

고유명사 → 동사

고유명사인 Xerox, FedEx, Google은 이제 모두 소문자 xerox(=복사하다), fedex(=(택배)로 부치다), google(=구글로 검색하다)로 사전에 등재되어있습니다. 한 가지 흥미로운 것은 이 동사들이 대문자

15

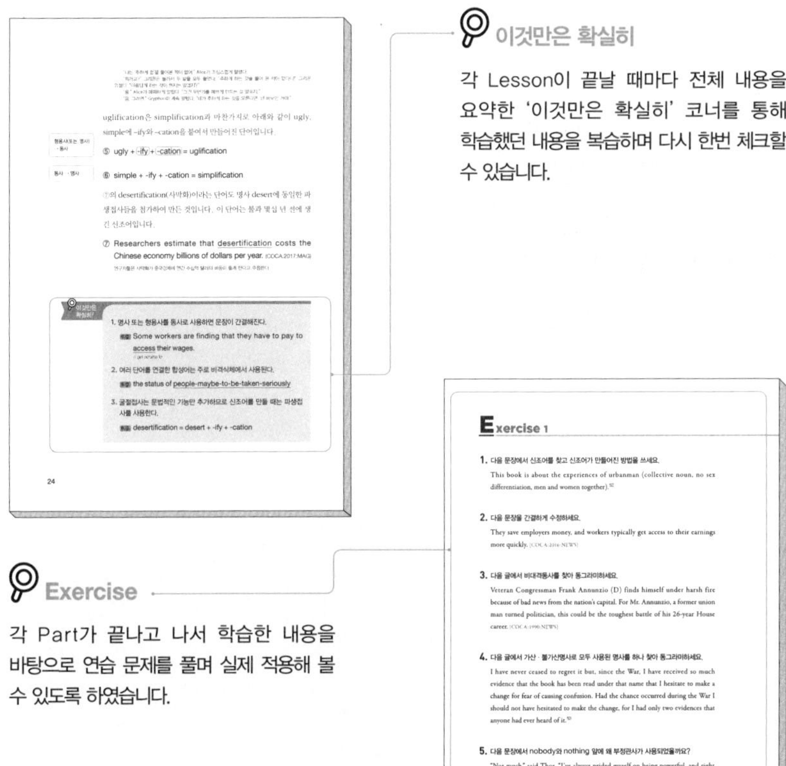

uglification은 simplification과 마찬가지로 아래와 같이 ugly, simple에 -ify와 -cation을 붙여서 만들어진 단어입니다.

형용사(또는 명사) → 동사

⑤ ugly + -ify + -cation = uglification

동사 → 명사

⑥ simple + -ify + -cation = simplification

⑦의 desertification(사막화)이라는 단어도 명사 desert에 동일한 파생접사들을 첨가하여 만든 것입니다. 이 단어는 불과 몇십 년 전에 생긴 신조어입니다.

⑦ Researchers estimate that desertification costs the Chinese economy billions of dollars per year. (COCA 2017 MAG)

이것만은 확실히!

1. 명사 또는 형용사를 동사로 사용하면 문장이 간결해진다.
Some workers are finding that they have to pay to access their wages.
2. 여러 단어를 연결한 합성어는 주로 비격식체에서 사용된다.
the status of people-maybe-to-be-taken-seriously
3. 굴절접사는 문법적인 기능만 추가하므로 신조어를 만들 때는 파생접사를 사용한다.
desertification = desert + -ify + -cation

24

이것만은 확실히

각 Lesson이 끝날 때마다 전체 내용을 요약한 '이것만은 확실히' 코너를 통해 학습했던 내용을 복습하며 다시 한번 체크할 수 있습니다.

Exercise 1

1. 다음 문장에서 신조어를 찾고 신조어가 만들어진 방법을 쓰세요.
This book is about the experiences of urbanman (collective noun, no sex differentiation, men and women together).[52]

2. 다음 문장을 간결하게 수정하세요.
They save employers money, and workers typically get access to their earnings more quickly. (COCA 2016 NEWS)

3. 다음 글에서 비대격동사를 찾아 동그라미하세요.
Veteran Congressman Frank Annunzio (D) finds himself under harsh fire because of bad news from the nation's capital. For Mr. Annunzio, a former union man turned politician, this could be the toughest battle of his 26-year House career. (COCA 1990 NEWS)

4. 다음 글에서 가산 · 불가산명사로 모두 사용된 명사를 하나 찾아 동그라미하세요.
I have never ceased to regret it but, since the War, I have received so much evidence that the book has been read under that name that I hesitate to make a change for fear of causing confusion. Had the chance occurred during the War I should not have hesitated to make the change, for I had only two evidences that anyone had ever heard of it.[53]

5. 다음 문장에서 nobody와 nothing 앞에 왜 부정관사가 사용되었을까요?
"Not much," said Thor. "I've always prided myself on being powerful, and right now I feel like a nobody and a nothing."[54]

70

Exercise

각 Part가 끝나고 나서 학습한 내용을 바탕으로 연습 문제를 풀며 실제 적용해 볼 수 있도록 하였습니다.

★ 3가지 무료 학습자료 활용하기 ➡ www.nexusbook.com에서 다운받으세요.

단어 노트 각 Lesson별 단어를 정리하였습니다. 사전을 찾는 번거로움을 덜어 드립니다.

단어 퀴즈 주요 단어와 표현들을 제대로 이해하였는지 Quiz를 풀면서 실력을 확인해 보세요.

동영상 강의 책을 통해서 부족했던 부분, 궁금했던 부분은 동영상 강의를 통해 해결해 보세요.

Contents 목차

PART 1 단어와 구
Words & Phrases

PART 2 문장과 담화
Sentences & Discourse

PART 3 학술적 글쓰기

Academic Writing

Part 1

단어와 구

Words & Phrases

Lesson 1 새로운 단어 만들기
Creating new words

Q 아래 ⓐ, ⓑ, ⓒ는 2015년 「서울브랜드」 아이디어 공모전에 출품된 작품 중 최종 후보로 선정된 세 개의 문구입니다. 공교롭게도 이 문구들은 모두 영어에서 새로운 단어를 만들 수 있는 가장 흔한 세 가지의 방법으로 만들어졌습니다. 각각의 문구에서 사용된 새로운 영단어를 만드는 법을 ①, ②, ③에서 골라 짝지어 보세요.

ⓐ I.SEOUL.U	ⓑ seouling	ⓒ SEOULMATE
① 품사의 전환	② 단어합성	③ 파생접사 첨가

A 정답은 ⓐ=①, ⓑ=③, ⓒ=②입니다. ⓐ에서는 고유명사 Seoul이 타동사로 사용되어 Seoul의 품사가 바뀌었고, ⓑ에서는 동명사 파생접사 -ing가 동사 seoul에 첨가되었으며, ⓒ에서는 Seoul과 보통명사 mate가 합쳐져 Seoulmate라는 합성명사가 만들어졌습니다.

품사의 전환

영작문 수업에서 학생들이 가장 많이 하는 질문은 왜 영어 에세이 작성법은 꼭 정해진 틀을 따라야 하냐는 것입니다. 에세이는 서론, 본론, 결론으로 나뉘고 ⓐ서론의 끝부분에는 논제 서술문thesis statement이 와야 하고, ⓑ본론을 이루는 각 단락의 첫 부분에는 주제문topic sentence이 와야 하며, ⓒ 결론의 첫 부분에는 논제 서술문을 반복해야 한다는 작성법 말이죠. (〈Writing 절대 매뉴얼-입문편〉 Part 3 참고)

에세이 작성법은 저자와 독자 사이의 일종의 약속입니다. 독자의 예상과 다른 작성법으로 글을 쓴다면 독자는 혼란에 빠질 수 있겠죠. 에세이 작성법처럼 영어의 단어가 만들어지는 방법도 정해져 있습니다. 그 방법을 알면 누구라도 새로운 영단어를 만들 수 있습니다.

품사의 전환으로 문장을 간결하게

영단어를 만드는 법은 여러 가지가 있지만, 그중 가장 흔히 사용되는 것은 ① 품사의 전환conversion, ② 단어합성compounding, ③ 파생접사첨가derivational affixation입니다.[1] 이 세 가지 중에서 가장 간단한 것은 품사의 전환(=동일한 단어를 다른 품사로 사용하는 것)입니다. 품사의 전환을 사용하면 ①에서처럼 문장을 간결하게 만들 수 있습니다.

①-1 Some workers are finding that they have to pay to <u>get access to</u> their wages. (COCA:2016:NEWS)

일부 근로자들은 자신의 임금에 접근하기 위해(=임금을 사용하기 위해) 돈을 내야 한다는 것을 발견하였다.

①-2 Some workers are finding that they have to pay to <u>access</u> their wages.

access는 원래 명사였습니다. 따라서 '접근하다'라는 뜻으로 get access to라는 표현이 사용되었죠. 그러나 지금은 access가 동사로도 사용됩니다. call, cut, look, walk, drive처럼 동사가 명사로 전환된 경우도 있지만, 새로운 명사가 생기면 그 명사는 곧 동사로 사용되는 경우가 많습니다. email, Xerox, FedEx, Google 등이 좋은 예이죠.

고유명사 → 동사

고유명사인 Xerox, FedEx, Google은 이제 모두 소문자 xerox(=복사하다), fedex(=(택배)로 부치다), google(=구글로 검색하다)로 사전에 등재되어있습니다. 한 가지 흥미로운 것은 이 동사들이 대문자로도 사용된다는 것입니다. Corpus of Contemporary American English(COCA)에서 googled를 검색하면 총 41건이 검색되는데 그 중 다섯 건을 제외한 36건이 모두 ②에서처럼 Googled로 사용되었습니다.

② A few weeks ago, after completing my last class of college, I Googled my name. (COCA:2011:NEWS)

몇 주 전에, 대학에서의 마지막 수업을 마치고, 나는 내 이름을 구글로 검색해 봤다.

2015년 10월에 선정된 서울의 브랜드 ⓐ I.SEOUL.U를 영어로 해석하면 '나는 너를 서울(Seoul)해.'라는 뜻이 됩니다. Google과 마찬가지로 고유명사인 Seoul이 타동사로 쓰인 것으로 해석되기 때문이죠. 문제는 '~을 서울하다'라는 게 무슨 뜻인지 알 수 없다는 것입니다. 그럼에도 불구하고 I.SEOUL.U가 선정된 이유는 한국어로는 '나와 너의 서울'이라는 뜻을 담고 있기 때문이라고 합니다.

사전 시민투표에서는 ⓒ SEOULMATE가 1위를 차지했는데 아홉 명으로 구성된 전문가 심사단이 모두 I.SEOUL.U를 추천하여 최종적으로 I.SEOUL.U가 선정되었다고 합니다.[2] 어떤 분야의 전문가들이었는지는 모르겠으나 영어 분야의 전문가는 아니었다는 것이 확실합니다.

형용사 → 동사

③은 제가 거래하는 은행에서 본 작은 표지판에 적힌 문구입니다. 영어에 대한 감각이 있는 분이 만든 문구인 것 같은데 이것도 의미가 불분명합니다.

③ We'll Rich 100 라운지 (연금상담창구)

③에서 Rich는 will 뒤에 사용되었으므로 동사입니다. 형용사가 동사로 사용되는 것은 명사가 동사로 사용된 것만큼 흔하지는 않지만 어렵

지 않게 찾아볼 수 있습니다. 좋은 예로 empty(=비우다), dirty(=더럽히다), quiet(=조용히 시키다), short(=거스름돈을 덜 주다) 등이 있죠. 아래 표지판에서도 empty가 동사로 사용되었습니다.

④ Please do not empty your dog here.

여기서 당신의 개가 용변을 보게 하지 마시오.

만약 rich를 동사로 사용하면 '부유하게 하다'라는 뜻이 되겠죠. 그런데 '우리는 100을 부유하게 할 것이다(=We'll Rich 100)'는 여전히 이해가 되지 않습니다. Rich가 동사 reach와 발음이 비슷해서 사용한 것 같기도 한데 2002~2015년까지 사용되었던 서울 브랜드 'Hi Seoul: Soul of Asia'에서처럼 두 단어(Seoul과 soul)의 발음이 똑같아야 효과적인 슬로건이 될 수 있습니다.

단어합성

두 단어 합성

새로운 단어를 만드는 또 하나의 방법은 현존하는 단어를 합치는 것입니다. ⓒ SEOULMATE는 roommate, classmate와 같은 합성어에 착안하여 Seoul과 mate를 합성하여 만든 단어죠. 만들어진 단어가 명사일 때는 합성명사compound noun, 형용사일 때는 합성형용사compound adjective, 동사일 때는 합성동사compound verb라고 합니다. 다음 표에서 보듯이 이중 가장 많은 것은 단연 합성명사입니다. 합성형용사와 합성동사의 예는 별로 많지 않죠.

<합성어의 종류와 예>

합성명사	smartphone, weekend, mailbox, airplane, toothbrush, drugstore, software, darkroom, greenhouse, mainland, hot dog
합성형용사	secondhand, handmade, lifelong, easygoing, good-looking
합성동사	babysit, skydive, jumpstart, housekeep, sleepwalk

두 단어가 합쳐진 합성어는 보통 sleepwalk처럼 한 단어로 붙여서 쓰는 경우가 많습니다. 하지만 good-looking처럼 단어 사이에 하이픈hyphen을 넣기도 하고 hot dog처럼 두 단어로 띄어쓰기도 합니다. 새로운 합성어가 생기면 보통 처음에는 smart-phone 또는 smart phone처럼 하이픈으로 연결하거나 두 단어로 띄어 씁니다. 그리고 어느 정도 시간이 지나면 한 단어로 붙여서 쓰게 되죠. (참고로 2018년 8월 기준으로 한 단어로 붙여 쓴 smartphone은 COCA에서 2,019회가 검색되고, smart-phone과 smart phone은 각각 53회와 217회가 검색됩니다.)

세 단어 이상 합성

합성어는 세 단어 이상을 결합하여 만들 수도 있습니다. 가장 좋은 예는 ①과 같이 인척 관계를 나타내는 단어들입니다. 세 단어 이상을 합칠 때는 항상 하이픈으로 연결해야 합니다.

① mother-in-law, father-in-law, daughter-in-law, son-in-law

시어머니/장모, 시아버지/장인, 며느리, 사위

②-1에서처럼 단어들이 하이픈으로 연결되어 있지 않으면 문장이 잘못 해석될 수도 있습니다.

②-1 The woman sitting next to Steven Pinker's pants are like mine.[3]

동사 are에 다다르기 전까지는 The woman이 주어인 것(=Steven Pinker의 바지 옆에 앉아 있는 여성)처럼 읽히기 때문이죠. ②-2처럼 하나의 합성어를 이루는 단어들을 모두 하이픈으로 연결하면 문장의 뜻이 확실해집니다.

②-2 The-woman-sitting-next-to-Steven-Pinker's pants are like mine.

Steven Pinker 옆에 앉아 있는 여성의 바지가 내 것과 비슷하다.

여러 단어의 합성은 비격식체에서

많은 단어를 하이픈으로 연결하여 독창적인 합성어를 만든 좋은 예는 ③에서 볼 수 있습니다.

③ Hoping to become a professor (as all good doctoral students do), I marched into the academic job market in the fall of 2004. If a doctoral student in social psychology is lucky, her faculty adviser will "debut" her at a certain smallish annual conference that's attended by the best social psychologists in the world. It's a collective coming-out party for competitive fifth-year PhD students and marks their ascension to the status of people-maybe-to-be-taken-seriously.[4]

(모든 훌륭한 박사과정 학생들이 그렇듯이) 교수가 되기를 희망하면서, 나는 2004년 가을에 학계의 취업 시장에 뛰어들었다. 사회심리학 박사과정 학생이 운이 좋다면, 그녀의 지도교수가 세계 최고의 사회심리학자들이 참석하는 어떤 작은 연례 학술대회에 그녀를 "데뷔"시킬 것이다. 이것은 경쟁력 있는 5학년 박사과정 학생들의 집단적인 데뷔 축하 파티이고, 진지하게 받아들여질 사람으로의 지위 상승을 나타낸다.

많은 단어를 하이픈으로 연결하여 합성어를 만드는 것은 학술적인academic 언어의 특징은 아닙니다. ③은 하버드 경영대학원 Amy Cuddy 교수의 베스트셀러 〈Presence〉에 나오는 예시인데, 이 교수가 학술지 논문을 쓸 때는 people-maybe-to-be-taken-seriously와 같은 합성어를 사용하지는 않을 것입니다. 하지만 자유롭게 합성어를 만들 수 있는 영어의 특징을 적절히 사용하면 창의적인 영어 글쓰기를 할 수 있습니다.

파생접사 첨가

ⓑ seouling의 정확한 의미는 모르겠지만 이 단어가 어떻게 형성되었는지는 알 수 있습니다. 고유명사 Google이 품사의 전환을 거쳐 동사로 사용된 것처럼 Seoul을 동사로 전환한 뒤 동명사 파생접사 -ing를 더한 것이죠.

학교문법에서는 주로 접사affix를 접두사prefix와 접미사suffix로 나눕니다. 그런데 접사는 기능에 따라 파생derivational접사와 굴절inflectional접사로도 나뉠 수 있습니다. 영어의 접사를 순서도로 나타내면 다음과 같습니다.

〈접사의 종류〉

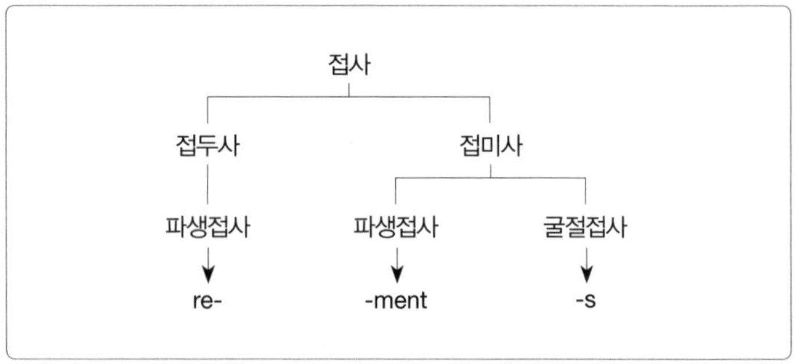

파생접사와 굴절접사의 차이

위 그림에서 알 수 있듯이 영어의 모든 접두사는 파생접사입니다. 반면에 접미사는 파생접사 또는 굴절접사입니다. 파생접사와 굴절접사의 차이를 알아보기 위해 ① restatements라는 단어를 분석해 보겠습니다.

① re- + state + -ment + -s = restatements

restatements는 동사 restate(다시 진술하다)의 복수명사형입니다. state(진술하다)라는 어근(root)에 뜻을 바꾸는 파생접사 re-가 붙어 restate가 되고 여기에 다시 품사를 바꾸는 파생접사 –ment가 붙어 명사형인 restatement가 되었습니다. 마지막으로 굴절접사 –s가 붙어 복수명사형인 restatements가 완성되었습니다. restatements가 만들어진 과정을 차례대로 나타내면 ②와 같습니다.

②-1 re- + state = restate
어근(root)

②-2 restate + -ment = restatement
어기(base)

②-3 restatement + -s = restatements
어간(stem)

②–1의 state처럼 더 이상 나눠지지 않는 단어는 어근root이라고 합니다. ②–2의 restate처럼 파생접사와 결합한 어근이 또 다른 파생접사와 결합할 때는 어기base라고 합니다. 반면에 ②–3의 restatement처럼 굴절접사와 결합하는 단어는 어간stem이라고 합니다.

어근, 어기, 어간을 순서대로 식물의 뿌리, 몸통, 줄기로 상상하면 됩니다. 굴절접사는 항상 단어의 끝에 위치하므로 식물의 끝인 줄기(어간)와 결합하겠죠.

굴절접사는 문법적인 기능만 추가

restatements에서 볼 수 있듯이 파생접사는 어근과 어기의 의미 또는 품사를 바꿉니다. 반면에 굴절접사는 단어의 의미와 품사는 바꾸지 않고 어간에 문법적인 기능만 더해줍니다. 다음 표에 정리한 것과 같이 영어에는 총 여덟 개의 굴절접미사가 있습니다.

〈굴절접미사〉[5]

		기능	예
동사	-ed	과거	I walked home last night. 나는 어제 집에 걸어갔어.
	-en*	과거분사	I have never walked to school. 나는 한 번도 학교에 걸어간 적이 없어.
	-ing	현재분사	I am walking to the park. 나는 공원으로 걸어가고 있어.
	-s	3인칭 단수 현재	He walks to school every day. 그는 매일 학교에 걸어가.
명사	-s	복수	We have two cars. 우리는 차가 두 대 있어.
	-'s	소유격	My wife's car is black. 내 아내의 차는 검은색이야.
형용사	-er	비교급	I am taller than my brother. 나는 내 동생보다 키가 커.
	-est	최상급	I am the tallest person in my family. 내가 우리 가족 중에서 가장 키가 큰 사람이야.

*-en은 불규칙형 과거분사의 한 종류입니다. 규칙형 과거분사는 과거시제와 똑같은 –ed인데 단지 과거시제와 구분하기 위해 –en이라고 표기한 것입니다.

굴절접사와 파생접사의 차이는 동일한 형태를 가진 현재분사 –ing와 동명사 –ing를 비교하면 잘 나타납니다. -ing는 ③–1에서처럼 현재분사로 사용될 수도 있고 ③–2에서처럼 동명사로 사용될 수도 있습니다.

③-1 He's swimming. 그는 수영하고 있어. 굴절접사

현재분사

③-2 Swimming is good for you. 수영은 몸에 좋아. 파생접사

동명사

굴절접사의 가장 큰 특징은 어간의 품사가 변하지 않는다는 것입니다. 현재분사는 기본적으로 ③-1에서처럼 동사로 사용됩니다. (정확히 말하면 be동사와 함께 동사구를 이뤄서 진행상progressive aspect을 나타내죠.) 반면에 동명사는 ③-2에서처럼 명사로 사용됩니다. 결과적으로 swim의 품사가 바뀐 것이므로 동명사 -ing는 파생접사로 분류됩니다.

신조어를 만들 때는 파생접사를 이용

새로운 단어를 만들 때 사용되는 접사는 파생접사입니다. Lewis Carroll의 1865년 작품 〈Alice's Adventures in Wonderland(이상한 나라의 앨리스)〉에는 어근과 파생접사의 뜻을 이해하면 처음 보는 단어도 이해가 가능하다는 대화가 나옵니다. 거북이가 학교에서 산수(Arithmetic) 시간에 더하기(addition), 빼기(subtraction), 곱하기(multiplication), 나누기(division) 대신 Ambition(야망), Distraction(주의 산만), Uglification(추하게 함), and Derision(조롱)을 배웠다고 말하자 앨리스와 그리폰이 아래와 같은 대화를 나누죠.

④ "I never heard of 'Uglification,'" Alice ventured to say.

"What is it?" The Gryphon lifted up both its paws in surprise. "Never heard of uglifying!" it exclaimed. "You know what *to beautify* is, I suppose?"

"Yes," said Alice doubtfully: "it means–to–make–anything–prettier."

"Well, then," the Gryphon went on, "if you don't know what *to uglify* is, you are a simpleton."

"나는 '추하게 함'을 들어본 적이 없어." Alice가 조심스럽게 말했다.
"뭐라고?" 그리폰은 놀라서 두 발을 모두 들었다. "추하게 하는 것을 들어 본 적이 없다니!" 그리폰 외쳤다. "아름답게 하는 것이 뭔지는 알겠지?"
"응." Alice가 애매하게 말했다. "그건 무언가를 예쁘게 만드는 걸 말하지."
"음, 그러면," Gryphon이 계속 말했다. "네가 추하게 하는 것을 모른다면, 넌 바보인 거야."

uglification은 simplification과 마찬가지로 아래와 같이 ugly, simple에 –ify와 –cation을 붙여서 만들어진 단어입니다.

형용사(또는 명사) → 동사

동사 → 명사

⑤ ugly + -ify + -cation = uglification

⑥ simple + -ify + -cation = simplification

⑦의 desertification(사막화)이라는 단어도 명사 desert에 동일한 파생접사들을 첨가하여 만든 것입니다. 이 단어는 불과 몇십 년 전에 생긴 신조어입니다.

⑦ Researchers estimate that desertification costs the Chinese economy billions of dollars per year. (COCA:2017:MAG)

연구자들은 사막화가 중국경제에 연간 수십억 달러의 비용이 들게 한다고 추정한다.

1. 명사 또는 형용사를 동사로 사용하면 문장이 간결해진다.

e.g. Some workers are finding that they have to pay to access their wages.
= get access to

2. 여러 단어를 연결한 합성어는 주로 비격식체에서 사용된다.

e.g. the status of people-maybe-to-be-taken-seriously

3. 굴절접사는 문법적인 기능만 추가하므로 신조어를 만들 때는 파생접사를 사용한다.

e.g. desertification = desert + -ify + -cation

2 동사의 종류
Types of verbs

Q to fall은 자동사입니다. 그런데 아래 문장에서는 어떻게 fallen under the tree가 the leaves를 뒤에서 수식할 수 있을까요?

He picked up the leaves fallen under the tree.
그는 나무 밑에 떨어진 나뭇잎을 주웠다.

A 이 문제는 중학교 교사 한 분이 교과서 지문에 사용된 문장을 보고 질문한 것입니다. 과거분사구(fallen under the tree)가 명사(the leaves)를 뒤에서 수식할 때는 명사와 과거분사 사이에 'that+be동사'가 생략되었다고 학생들에게 설명하는데, fall은 자동사이므로 수동태인 that were fallen은 문법적으로 맞지 않다는 질문이셨죠. 자동사임에도 불구하고 위 문장이 성립하는 이유는 fall이 자동사의 한 종류인 '비대격unaccusative'동사이기 때문입니다. (자세한 설명은 〈C. 비능격동사와 비대격동사〉를 참고하세요.)

A 자동사와 타동사

목적어를 취하면 타동사

자동사는 목적어를 취하지 않는 동사, 타동사는 목적어를 취하는 동사입니다. 영어에서 새로운 동사를 배우면 그 동사가 자동사인지 타동사인지를 구분하는 것이 중요합니다. 그렇지 않고 동사의 뜻만 외우면 다음과 같은 오류를 범하게 되죠.

①-1 *We discussed about that on Friday night.
*우리는 금요일 밤에 그것에 대해 토론하였다.

②-1 *Russians intervened the U.S. election to help Trump win.
*트럼프가 승리하도록 돕기 위해 러시아인들이 미국 선거에 개입했다.

discuss는 타동사이므로 ①-2에서처럼 전치사 about을 생략해야 합니다. 반면에 intervene은 자동사이므로 ②-2에서처럼 목적어인 the U.S. election을 취하려면 전치사 in과 함께 사용되어야 합니다.

①-2 So, did the Browns pick their quarterback of the future? Mary Kay Cabot and I discussed that on Friday night. (COCA:2017:NEWS)

그럼, Browns(미국 Cleveland 주의 미식축구팀)가 그들의 미래 쿼터백을 선택한 것일까? Mary Kay Cabot과 나는 금요일 밤에 그것에 대해 토론하였다.

②-2 U.S. intelligence agencies concluded in January that Russian president Vladmir Putin intervened in the U.S. election to help Donald Trump win. (COCA:2017:NEWS)

미국 정보기관들은 지난 1월에 블라디미르 푸틴 러시아 대통령이 도널드 트럼프가 승리하도록 돕기 위해 미국 선거에 개입했다는 결론을 내렸다.

자동사와 타동사를 포함한 모든 영어 동사의 종류를 순서도로 나타내면 다음과 같습니다.

〈동사의 종류〉

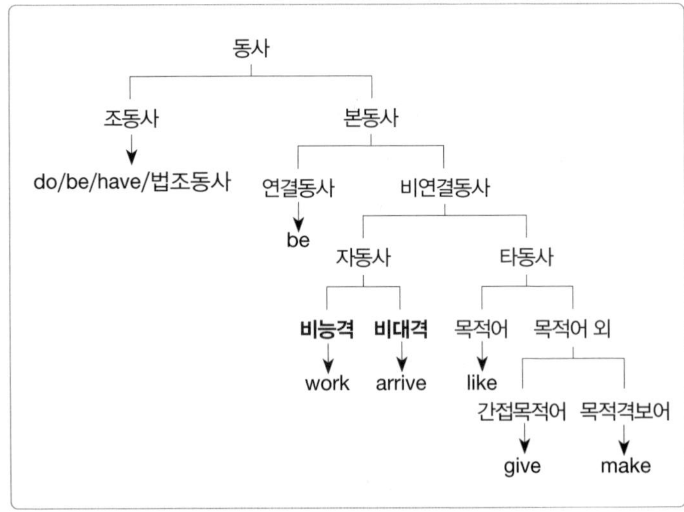

문장의 형식 = 동사의 종류

흔히 말하는 문장의 5형식도 본동사의 종류에 따라 구분되는 것입니다. 주격보어를 취하는 동사를 '불완전 자동사'라고도 하는데 영문법 원서에서는 주어와 보어를 연결해 주는 동사라는 의미로 'linking verb(연결동사)'라는 용어를 사용합니다. (linking verb 대신 copular verb라고도 하는데 그 이유는 be동사를 copula라고 부르기 때문입니다.) 목적어 하나만을 취하는 타동사는 'monotransitive(단순 타동사)', 간접목적어와 직접목적어를 취하는 타동사는 'ditransitive(수여동사)', 그리고 목적어와 목적격보어를 취하는 동사는 'complex transitive(불완전 타동사)'로 불립니다.

〈문장의 5형식과 동사의 종류〉[6]

문장형식	술부	예
1형식	자동사	Money talks. 돈이면 다 돼.
2형식	연결동사 + 주격보어	Talk is cheap. 말은 쉽지.
3형식	단순 타동사 + 목적어	He likes grammar. 걔는 문법을 좋아해.
4형식	수여동사 + 간접목적어 + 직접목적어	You gave me hope. 넌 내게 희망을 주었어.
5형식	불완전 타동사 + 목적어 + 목적격보어	I made him angry. 내가 걔를 화나게 했어.

영어가 어려운 이유 중 하나는 많은 동사가 자동사와 타동사로 모두 사용될 수 있고, 타동사로 사용될 때는 취할 수 있는 목적어의 형태가 동사마다 다르다는 것입니다. 다음은 국내의 한 5성급 호텔에서 투숙객에게 제공하는 안내문인데 동사 hope가 잘못 사용되었습니다.

Dear Guest,

Welcome to XXXXX Hotels & Resorts.
We are pleased to have you with us and hope your comfortable and memorable stay.

Should you desire further information or assistance, please dial No. "0" in your room.

Sincerely,

General Manager

hope는 명사구를 목적어로 취할 수 없음

hope는 자동사와 타동사로 모두 사용될 수 있습니다. 그런데 타동사로 사용될 때는 ③처럼 that명사절 또는 to부정사와 함께 사용되어야 합니다.

타동사

③-1 I hope that you will remember me.

당신이 저를 기억하기 바랍니다.

③-2 I hope to see you again soon.

당신을 곧 다시 보기를 바랍니다.

hope가 ④-1처럼 명사(구)와 함께 사용될 때는 전치사 for가 함께 사용되어야 합니다. 전치사 for가 필요하다는 것은 hope가 자동사로 사용된다는 뜻이므로 ④-2와 같은 문장도 가능합니다.

자동사

④-1 I always hope for the best.

나는 항상 최선의 결과를 기대한다.

④-2 I hate that I'm still hoping.

내가 아직 희망을 버리지 않았다는 것이 싫다.

따라서 위 안내문의 밑줄 친 부분을 문법에 맞게 가장 쉽게 수정하는 방법은 ⑤-1처럼 전치사 for를 사용하는 것입니다.

⑤-1 ?We hope for your comfortable and memorable stay.

?귀하의 기억에 남을 편안한 숙박을 기원합니다.

그런데 중요한 것은 호텔 안내문에서는 이런 식의 문장을 사용하지 않는다는 것입니다. 보통 ⑤-2처럼 that명사절을 사용하죠.

⑤-2 We hope that you will have a comfortable and memorable stay.

귀하의 기억에 남을 편안한 숙박이 되시기를 기원합니다.

이는 문법을 공부하는 것도 중요하지만 영어를 많이 접하여 상황에 적절한 표현을 익히는 것 더 중요하다는 것을 잘 보여주는 대목입니다.

능격동사와 중간태

자동사의 한 종류인 '비능격(非能格, unergative)동사'는 말 그대로 '능격(能格, ergative)'이 아닌 동사라는 뜻입니다. '능격언어'는 타동사의 목적어와 자동사의 주어를 동일한 격으로 표현하는 언어입니다. 능격언어에는 바스크어, 마야어, 조지아어 등이 있습니다. 능격언어를 간단히 도식화하면 다음과 같습니다.

〈능격언어〉

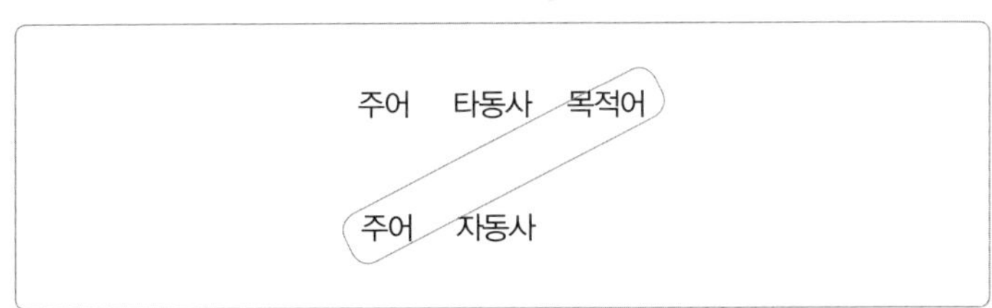

능격동사는 중간태로 사용 가능

영어는 능격언어는 아니지만 open, break, improve, increase, develop처럼 능격언어의 성격을 띠고 있는 '능격동사ergative verb'가 있습니다.[7] (ergative verb는 학자에 따라 alternating unaccusative verb 또는 causative-inchoative verb로 불리기도 합니다.) 예를 들어, open을 능격동사라고 부르는 이유는 ①-1에서 타동사의 목적어로 사용된 the door가 ①-2에서는 자동사의 주어로 사용될 수 있기 때문입니다.

①-1 I opened the door. 능동태

내가 문을 열었다.

①-2 The door opened. 중간태

문이 열렸다.

①-1은 능동태, ①-2는 중간태 문장이라고 합니다. 수동태처럼 주어가 동작을 받는데 동사는 능동태로 사용된 문장을 중간태 문장이라고 하죠(〈Grammar 절대 매뉴얼-실전편〉 Lesson 15: 수동태와 중간태 참고). 물론 능격동사도 수동태로 사용될 수 있습니다. 하지만 능격동사를 ①-3처럼 수동태로 사용하면 어색한 문장이 됩니다. ①-2처럼 중간태로 사용하는 것이 훨씬 자연스럽죠.

①-3 ?The door was opened. 수동태

?문이 열림을 당했다.

한국학생들이 가장 많이 범하는 오류 중 하나가 능격동사를 ②처럼 부자연스러운 수동태로 사용하는 것입니다.[8]

②-1 ?My English has been improved.
→ My English has improved.

내 영어가 향상되었다.

②-2 ?The value of my car was increased.
→ The value of my car increased.

내 차의 가치가 높아졌다.

중간태에서 부사가 필요하면 중간동사

중간태로 사용될 수 있는 동사 중에는 read, write, wash, bribe, fasten처럼 주로 부사구와 함께 사용되는 동사들이 있습니다. 예를 들어, ③-1처럼 능동태로 사용된 read는 부사 없이 문장이 성립하지만 ③-2처럼 중간태로 사용되었을 때는 easily와 같은 부사가 꼭 필요합니다. 이런 동사들은 능격동사와 구분되어 '중간동사middle verb'로 불리기도 합니다.[9]

③-1 She read this book. 그녀는 이 책을 읽었어.

③-2 *This book read. → This book read easily. 이 책은 쉽게 읽혔어.

중간동사가 부사와 함께 사용되어야 하는 이유는 능격동사는 특정한 사건을 기술하는 반면 중간동사는 일반적인 상태를 기술하기 때문입니다. 다시 말하면 중간태에서 능격동사는 사건동사event verb, 중간동사는 상태동사state verb로 사용된다는 것이죠.

사건과 달리 상태는 셀 수 없으므로 twice와 같은 수량사와 함께 사용될 수 없습니다. ④가 비문인 이유도 know는 상태동사이기 때문이죠.

④ *I knew her twice. know = 상태동사

*나는 그녀를 두 번 알았어.

능격동사인 open은 능동태와 중간태에서 모두 사건동사로 사용되므로 ⑤처럼 twice와 함께 사용될 수 있습니다.

⑤-1 I opened the door twice. 능동태 open = 사건동사

나는 문을 두 번 열었어.

⑤-2 The door opened twice. 중간태 open = 사건동사 = 능격동사

문이 두 번 열렸어.

반면에 read는 능동태에서는 사건동사이므로 ⑥-1처럼 twice와 함께 사용될 수 있지만 중간태에서는 상태동사가 되므로 twice와 함께 사용될 수 없습니다.

⑥-1 She read this book twice. 능동태 read = 사건동사

그녀는 이 책을 두 번 읽었어.

⑥-2 *This book read twice. 중간태 read = 상태동사 = 중간동사

*이 책은 두 번 읽혔어.

C 비능격동사와 비대격동사

학교문법에서는 자동사의 종류를 구분하지 않지만 영어의 자동사는 '비능격동사'와 '비대격(非對格, unaccusative)동사'로 나뉩니다. 비대격은 대격accusative이 아니라는 말이고, 대격은 목적격과 같은 말입니다. 따라서 비대격동사란 '목적격이 아닌 동사'라는 뜻입니다.

비대격동사의 주어는 원래 목적어!

자동사의 특징은 주어는 취하지만 목적어는 취하지 않는다는 것입니다. 바로 비능격동사가 그런 동사입니다. 반면에 비대격동사는 표면적으로는 주어를 취하지만 그 주어가 사실은 목적어underlying object인 동사입니다.[10] 비대격동사의 주어는 목적어처럼 동사의 행동을 받는 대상이라는 뜻이죠.

예를 들어 ①-1에서처럼 동사 work의 주어는 동사의 행동을 하므로 work는 비능격동사입니다. 하지만 ①-2에서는 도착이라는 사건이 주어에게 발생한 것이지 주어가 스스로 한 행동이 아니므로 arrive는 비대격동사입니다. (기차를 타고 도착을 했다면 기차를 탄 것이 주어가 한 행동이고 도착은 주어에게 발생한 사건이라는 뜻입니다.)

①-1 He worked yesterday.
그는 어제 일했어.

①-2 He arrived yesterday.
그는 어제 도착했어.

비대격동사는 동족목적어를 취할 수 없음

비능격동사와 비대격동사의 다른 점 중 하나는 전자는 동족목적어 cognate object를 취할 수 있지만, 후자는 그렇지 않다는 점입니다. 비대격동사의 주어는 사실상 목적어이니 또 다른 목적어를 취할 수 없기 때문이죠.

비능격동사

②-1 The stranger grinned a cocky grin.[11]
그 낯선 사람은 자만심에 찬 웃음을 지었다.

비대격동사

②-2 *He arrived a cocky arrival.
*그는 자만심에 찬 도착을 했다.

비대격동사는 비지칭 there와 함께 사용 가능

대표적인 비대격동사로는 arrive, depart, come, go, fall, rise, sit, stand, exist, remain, thrive, emerge, arise, appear, disappear, vanish 등이 있습니다. 비대격동사는 ③-1처럼 문장의 주어로 쓰이는 비지칭 nonreferential there와 함께 사용될 수 있습니다.

비대격동사

③-1 There arrived a canoe full of Indians, as long as a galley and eight feet wide. (COCA:1991:ACAD)
갤리선 정도로 길고 8피트 폭의 인도인들로 가득 찬 카누가 도착했다.

반면에 비능격동사는 ③-2에서 볼 수 있듯이 비지칭 there와 함께 사용될 수 없습니다.

비능격동사

③-2 *There shouted three sailors on the deck.[12]

*갑판에서 세 명의 선원이 소리쳤다.

비대격동사의 p.p.는 명사 수식 가능

비능격동사와 비대격동사의 가장 큰 차이점은 비대격동사는 ④-1처럼 과거분사형이 명사를 꾸며줄 수 있다는 것입니다.

비대격동사

④-1 a newly arrived teacher, a recently emerged disease

새로 도착한 선생님, 최근 등장한 병

비능격동사

④-2 *a hard-worked teacher → a hard-working teacher

열심히 일하는 선생님

a recently telephoned boy(=a boy who has recently been telephoned)처럼 비능격동사(자동사)와 타동사로 모두 사용이 가능한 동사의 과거분사형이 명사를 수식할 때는 수동태의 의미를 갖습니다.[13] 그럼 live는 어떤 동사일까요? live도 ⑤에서처럼 과거분사형이 명사를 수식할 수 있으므로 비대격동사입니다.

⑤ In a recent study by Arthur (2013) analyzing the lifespan of some 39 Google tools and services, it was discovered that the longest lived Google service was iGoogle (3,106 days, or about 8 years), the shortest was Lively (175 days, or about year), and the mean life for Google services was only 1,459 days (about 4 years). (COCA:2015:ACAD)

39개의 구글 툴과 서비스의 수명을 분석한 Arthur의 2013년 최근 연구에 의하면, 가장 오랫동안 생존한 구글 서비스는 iGoogle(3,106일 또는 약 8년)이고, 가장 짧았던 것은 Lively(175일 또는 약 1년)로 밝혀졌다. 그리고 구글 서비스의 평균 수명은 오직 1,459일(약 4년)이었다.

live
= 비대격동사

특이한 것은 live는 ⑥-1에서처럼 비능격동사의 특징인 동족목적어를 취할 수 있다는 것입니다. 그런데 동족목적어를 취하는 live의 뜻(=(특정한 방식의) 삶을 살다)은 ⑥-2에서의 live의 뜻(=거주하다)과는 다릅니다.

⑥-1 She lived a happy life.
그녀는 행복한 삶을 살았다.

⑥-2 She lived in Greece.
그녀는 그리스에 살았다.

live가 비대격동사로 사용될 때는 ⑤에서처럼 '(죽지 않고) 생존하다' 또는 ⑥-2에서처럼 '거주하다'라는 뜻으로 사용됩니다. ⑦에서도 '거주하다'라는 뜻의 비대격동사이므로 유도부사 there와 함께 사용될 수 있는 것입니다.

⑦ On the island of Crete in ancient Greece, there lived an architect named Daedalus. (COCA:2008:FIC)
고대 그리스의 크레타 섬에는 다이달로스라는 건축가가 살았었다.

fall
= 비대격동사

⑧에서 fallen under the tree가 the leaves를 뒤에서 수식할 수 있는 이유도 fall이 비대격동사이기 때문입니다. 따라서 fallen under the tree는 수동의 의미로 해석되지 않습니다.

⑧ He picked up the leaves fallen under the tree.
그는 나무 밑에 떨어진 나뭇잎을 주웠다.
= that had fallen under the tree.
≠ that were fallen under the tree.

fallen은 형용사로도 사용될 수 있는데, 만약 형용사였다면 the fallen leaves under the tree가 되어야 합니다. 형용사로 사용되는 fallen은 명사 앞에만 사용될 수 있기 때문이죠.[14]

go & come = 비대격동사

⑨는 2017년에 개봉한 영화 〈혹성탈출: 종의 전쟁(War for the Planet of the Apes)〉의 첫 장면에 나오는 배경설명입니다. fallen under the tree와 마찬가지로 gone wrong이 a scientific experiment를 뒤에서 수식할 수 있는 이유도 go가 비대격동사이기 때문입니다.

⑨ Fifteen years ago, a scientific experiment gone wrong gave rise to a species of intelligent apes and destroyed most of humanity with a virus that became known as the Simian Flu.

15년 전, 과학 실험이 잘못되어 지능화된 유인원의 한 종이 생겨났고, 유인원 독감이라고 알려진 바이러스로 인류의 대부분을 말살했다.

⑩에서 과거분사구인 come true가 a dream을 뒤에서 수식할 수 있는 이유도 come이 비대격동사이기 때문입니다.

⑩ It's like a dream come true. 이건 꿈이 실현된 것과 같아.

fall, go, come은 원래 be완료형

영어에는 원래 have완료형과 be완료형이 있었습니다. fall, go, come은 아래 Shakespeare 작품의 인용문을 통해 알 수 있듯이 1600년대 까지만 해도 be완료형을 사용했습니다.[15] 따라서 ⑧, ⑨, ⑩에서 생략된 것들이 모두 'that+be'라고 보는 것도 역사적으로는 틀리지 않습니다. 단지 현대 영어의 문법에 맞지 않는 설명이 되는 것이죠.

⑪-1 She is fallen into a pit of ink. (Leonato, *Much Ado About Nothing*, IV.i)

⑪-2 Is the duke gone? Then is your cause gone too. (Duke, *Measure for Measure*, V.i)

⑪-3 Mistress Page is come with me. (Mrs Ford, *The Merry Wives of Windsor*, V.v)

비능격동사와 비대격동사를 구분하는 것은 쉬운 일이 아닙니다. 이 책에서 설명하지 못한 비대격동사 확인기준도 있고, 모든 비대격동사가 비대격동사 확인기준을 동일하게 통과하는 것도 아닙니다.[16] 따라서 비대격동사의 목록을 외우는 것은 의미가 없습니다. 책을 읽으면서 the leaves fallen under the tree처럼 자동사의 과거분사가 명사를 수식하는 것을 접하면 비대격동사이기 때문에 가능한 용법이라고 이해하면 됩니다.

1. 타동사가 취할 수 있는 목적어의 형태는 동사마다 다르다.

   e.g. We hope your comfortable and memorable stay.
   → We hope that you will have a comfortable and memorable stay.

2. 자동사는 비능격unergative동사와 비대격unaccusative동사로 나뉜다.

3. 타동사의 목적어가 자동사의 주어로 사용될 수 있으면(=중간태에서 사용될 수 있으면) 그 동사는 능격ergative동사이다.

   e.g. I opened the door.
   The door opened. 중간태

4. 대격accusative은 목적격과 동의어이고 비대격동사의 주어는 원래 목적어이다.

5. 자동사의 과거분사가 명사를 수식할 수 있으면 그 자동사는 비대격동사이다.

   e.g. ⓐ The longest lived Google service was iGoogle.
   ⓑ He picked up the leaves fallen under the tree.

Lesson 3 명사와 관사
Nouns & Articles

Q 아래 문장은 2018년 1월 2일에 제가 Mr. Cooper라는 미국 융자 회사에서 받은 전자 우편의 제목입니다. 이 문장에서 house는 가산명사일까요 아니면 불가산명사일까요?

How much house can you afford?
당신은 얼마만큼의 집을 살 수 있나요?

A 위 문장에서 house는 much와 함께 사용되었으므로 불가산명사입니다. 그런데 house가 어떻게 불가산명사로 사용되었을까요? 그 이유는 모든 가산명사는 불가산명사로 사용될 수 있기 때문입니다. 그러나 모든 불가산명사가 가산명사로 사용될 수는 없습니다. equipment(장비), lightning(번개), swimming(수영)이 그 예시입니다.

가산명사와 불가산명사

학교문법에서는 영어의 명사가 가산명사와 불가산명사로 나뉘고 불가산명사가 가끔 ①처럼 가산명사로도 사용된다고 설명합니다.

① I attended a wine tasting at the state fairgrounds in late August. Hundreds of people from every walk of life were there trying different wines, including local wines grown right here in the frozen north. (COCA:2007:NEWS)

나는 8월 말에 주립 박람회장에서 와인 시음회에 참석했다. 각계각층의 수백 명의 사람들이 이곳 북쪽에서 재배된 지역 와인을 포함하여 다양한 와인을 시음하고 있었다.

불가산명사가 가산명사로 사용되는 이유는 간단합니다. a unit of, a kind of, an instance of와 같은 부분사partitive를 사용하지 않기 위해서입니다. 예를 들어 ①에서 different wines는 different kinds of wine을 뜻합니다. 부분사가 없어서 훨씬 간결해졌죠. 그런데 ②처럼 가산명사가 불가산명사로 사용되는 것은 학교문법에서 다뤄지지 않습니다. 이유를 설명하기가 쉽지 않기 때문이죠.

② "It makes increasing sense if you can buy more house and still live in a good area," says Conrad Egan, president and CEO of the National Housing Conference, a group that studies housing issues.[17]

주택 문제를 연구하는 단체인 전국주택협회의 회장 겸 CEO인 Conrad Egan은 "당신이 더 큰 집을 사고 여전히 좋은 지역에서 살 수 있다면 더욱 말이 된다."고 말했다.

영어의 모든 명사는 불가산명사!

언어학자 Allan(1980)은 다음 예를 들면서 모든 가산명사는 불가산명사로 쓰일 수 있으며 그 이유는 영어의 명사가 모두 불가산명사이기 때문이라고 설명합니다.[18]

③-1 The scrapyard is full of smashed car awaiting recycling.

그 고철 처리장은 재활용을 기다리는 박살 난 차들로 가득하다.

③-2 There's not enough table for everyone to sit at.

모든 사람이 앉을 수 있는 만큼 테이블이 크지 않다.

③-3 Emmy finds squashed spider more nauseous than the thing alive.

Emmy는 짓눌러진 거미가 살아있는 것보다 더 역겹다고 생각한다.

모든 명사가 가산명사가 아닌 이유는 equipment(장비), lightning(번개), swimming(수영)과 같이 불가산명사로만 사용되는 명사가 있기 때문입니다. 따라서 Allan은 모든 명사를 불가산명사로 상정하고 몇 가지의 확인기준을 통해 영어의 모든 명사를 8개의 가산등급으로 분류하였습니다.[19]

전문적인 글쓰기에서 명사의 가산성

물론 영어 명사의 8개 가산등급을 외우는 것은 의미가 없습니다. 중요한 것은 모든 가산명사는 불가산명사로 사용될 수 있고 몇몇을 제외한 거의 모든 불가산명사도 가산명사로 사용될 수 있다는 것입니다. Swales와 Feak(2012)는 다음 예문을 통해 특히 전문적인 글쓰기 technical writing에서 불가산명사가 가산명사로 사용되는 경우가 많다고 설명합니다.[20]

④-1 Rice is a staple food around the world.

쌀은 전 세계의 주식이다.

④-2 A rice that can resist certain types of diseases should be introduced to the farmers of the region.

특정 유형의 질병에 잘 견디는 쌀이 이 지역의 농부들에게 소개되어야 한다.

⑤-1 Steel is critical for the construction of skyscrapers.

철강은 고층 빌딩 건설에 중요하다.

⑤-2 The use of a light-weight steel would improve fuel efficiency.

경량 강철을 사용하면 연비가 좋아질 것이다.

wine처럼 가산명사로 자주 사용되는 불가산명사는 사전에 불가산/가산명사로 표시되어 있습니다. 그런데 evidence처럼 사전에 불가산명사로만 표시되어 있는 명사도 ⑥에서처럼 가산명사로 사용될 수 있습니다.

⑥ Here is a "fossil column," which reveals the evidences of life still remaining in those stratified cliffs. (COCA:2008:MAG)

여기 성층화된 절벽에 아직까지 생명체의 증거를 보여주는 "화석 기둥"이 있습니다.

***researches* or *research studies*?**

영어에서 가장 비효율적인 단어의 용법은 ⑦에서처럼 불가산명사와 가산명사의 복수형을 연이어 사용하는 것입니다. 복수형인 researches는 주로 영국영어에서 사용되고 미국영어에서는 research가 불가산명사로 사용되기 때문입니다.[21]

⑦ They are anchored in concrete data from many research studies. (COCA:2017:MAG)

그것들은 많은 연구들의 구체적인 자료에 단단히 기반을 두고 있다.

하지만 미국에서도 많은 비원어민 학자들이 researches를 사용해서 2004년에 Swales와 Feak는 research가 언젠가는 가산명사로 사용될 것이라고 예측하였는데[22] ⑧을 보면 벌써 그 예측이 맞은 것 같습니다.

⑧ While researches looked at their sex, age, ethnicity, education, race, and medical history, the only factor connecting those that developed dementia was their cognitive ability at the start of the study and performance on the smell test. (COCA:2017:MAG)

연구들이 그들의 성별, 나이, 민족성, 교육, 인종, 병력을 조사하였지만, 치매가 진행된 사람들을 연결하는 유일한 요인은 연구 시작 시점에서의 인지능력과 후각 테스트 수행능력이었다.

B 글쓰기와 관사

관사의 용법은 한국인들이 가장 어려워하는 문법 사항입니다. 명사 앞에 정관사를 사용하려면 그 명사가 청자에게 특정한 명사로 인지되는지를 판단해야 하고 불특정한 명사라면 명사의 가산성에 따라 부정관사의 사용 여부가 결정됩니다. 관사의 용법 중 가장 이상한 것은 종족대표를 나타내는 용법인데, 무관사 Ø, 부정관사 a(n), 정관사 the가 모두 동일한 의미로 사용될 수 있기 때문입니다.

모든 관사로 종족대표를 나타낼 수 있음

Thewlis(2000)는 아래 예문을 통해 무관사가 종족대표로 가장 흔히 사용되고, 다음은 부정관사, 그다음은 정관사의 순서로 사용 빈도수가 감소한다고 설명합니다.[23]

	사자는 강력한 동물이다.	사용 빈도
무관사	①-1 Lions are mighty creatures.	높음
부정관사	①-2 A lion is a mighty creature.	↕
정관사	①-3 The lion is a mighty creature.	낮음

그러나 부정관사와 정관사가 모든 문장에서 종족대표를 나타낼 수 있는 것은 아닙니다. ①에서 모든 관사가 사용될 수 있는 이유는 ①이 사자의 특성을 나타내는 정의definition와 관련된 문장이기 때문입니다. Master(1996)는 아래 예문을 통해 정의와 관련되지 않은 문장에서는 부정관사와 정관사가 항상 종족대표를 나타낼 수 있는 것은 아니라고 설명합니다.[24]

②-1 Ø Computers are changing the business world.

②-2 *A computer is changing the business world.

②-3 The computer is changing the business world.

컴퓨터가 비즈니스 세계를 변화시키고 있다.

③-1 All families should own Ø cars.

③-2 Every family should own a car.

③-3 *Every family should own the car.

모든 가족은 차를 소유해야 한다.

보통은 무관사+복수형, 격식 있는 글쓰기에서는 정관사

그럼 종족대표를 나타낼 때 어떤 관사를 사용해야 할까요? 보통은 '무관사+복수형'을 사용하는 것이 좋습니다. 하지만 격식 있는formal 글쓰기에서는 정관사를 사용하는 것이 좋습니다. 특히 ④에서처럼 발명품을 지칭할 때는 주로 정관사가 사용됩니다.

④-1 Thomas Edison invented the electric light bulb in 1879.

토머스 에디슨은 1879년에 전구를 발명했다.

④-2 Elias Howe invented the sewing machine in 1846.

일라이어스 하우는 1846년에 재봉틀을 발명했다.

종족대표를 나타내는 정관사의 용법은 격식 있는 글쓰기에 자주 사용되므로 문어체의 특징이라고 할 수 있습니다. 종족대표의 특징 중 하나는 the가 처음 언급되는 명사와 사용된다는 것입니다. 그런데 사실 아래 표에서 보듯이 the가 두 번째 언급된 명사와 사용되는 것은 정관사의 다섯 가지 지칭referential 용법 중 ⓐ 하나에 불과합니다. 나머지는 모두 첫 번째 언급된 명사와 the가 사용되죠.

〈정관사의 지칭용법과 예〉[25]

두 번째 언급: ⓐ

첫 번째 언급: ⓑ–ⓔ

지칭용법	예
ⓐ 반복된 명사 anaphoric use	I bought a guitar and a ukulele last week, but I lost the guitar. 지난주에 기타와 우쿨렐레를 샀는데 기타를 잃어버렸어.
ⓑ 언급된 명사와 관계있는 명사 associative use	I bought a new computer last week, but the monitor is already broken. 지난주에 새 컴퓨터를 샀는데 모니터가 벌써 망가졌어.
ⓒ 상황으로 알 수 있는 명사 situational use	Can you pass the salt? 소금 좀 건네주실 수 있을까요?
ⓓ 뒤에서 꾸밈을 받은 명사 cataphoric use	McQueen is the name of the car that won the race. McQueen이 그 경주에서 이긴 차의 이름이야.
ⓔ 최상급 등으로 인한 유일한 명사 unique modifiers	He was the only man alive. 그가 살아남은 유일한 사람이었다.

글쓰기 장르에 따른 정관사의 용법

⑤는 William Faulkner(1931)의 소설 〈Sanctuary〉의 첫 단락입니다. spring, man, road는 이 책에서 처음 언급된 것인데 왜 정관사와 함께 사용되었을까요?

⑤ From beyond the screen of bushes which surrounded the spring, Popeye watched the man drinking. A faint path led from the road to the spring. Popeye watched the man—a tall, thin man, hatless, in worn gray and flannel trousers and carrying a tweed coat under his arm—emerge from the path and kneel to drink at the spring.[26]

샘을 둘러싼 수풀 장막 너머로 Popeye는 물을 마시는 남자를 보았다. 좁은 길이 도로에서 샘까지 이어졌다. Popeye는 키가 크고 마른 남자, 모자를 쓰지 않고 닳은 회색과 플란넬 바지를 입고 팔 밑에 트위드 코트를 들고 있는 남자가 길에서 나타나 샘에서 무릎을 꿇고 마시는 것을 보았다.

spring, man, road 앞에 the가 사용된 이유는 종족대표도 아니고 위 표에 나타난 지칭용법 중 하나도 아닙니다. 바로 독자를 이야기 속으로 끌어들이기 위해서 정관사가 사용된 것입니다.[27] the는 청자에게 특정한 명사 앞에 사용되는 것이 원칙이므로 the와 함께 사용된 명사에 독자는 친근감을 느낄 수 있겠죠. 이런 정관사의 쓰임은 소설에서 가능한 용법입니다. 따라서 학술적인 글쓰기에서는 정관사를 이런 용법으로 사용하지 않는 것이 좋습니다.

1. 영어의 모든 명사는 불가산명사이다.

    e.g. There's not enough table for everyone to sit at.

2. 전문적인 글쓰기에서는 불가산명사가 가산명사로 자주 사용된다.

    e.g. The use of a light-weight steel would improve fuel efficiency.

3. 격식 있는 글쓰기에서는 정관사로 종족대표를 나타낸다.

    e.g. The computer is changing the business world.

4. 특정한 장르에만 사용되는 정관사의 용법도 있다.

    e.g. From beyond the screen of bushes which surrounded the spring, Popeye watched the man drinking.

Lesson 4 형용사와 한정사

Adjectives & Determiners

Q 아래 문장들 중에서 2b는 왜 비문일까요?

1a.	There are strong people.	강한 사람들이 있다.
1b.	People are strong.	사람들은 강하다.
2a.	There are many people.	많은 사람이 있다.
2b.	*People are many.	*사람이 많다.

A 2b가 비문인 이유는 many는 형용사가 아니고 한정사이기 때문입니다. 2b는 중학생들의 작문에서 흔히 볼 수 있는 오류입니다. strong과 many를 모두 형용사로 배우니 2b와 같은 오류를 범하는 것이죠. (네이버 사전에서도 옥스퍼드만 many를 한정사로 분류하고 나머지 모든 한국사전은 many를 형용사로 분류하고 있습니다.)

A 형용사와 한정사의 차이점

관사는 한정사의 한 종류

영어에는 8품사가 있다고 배운 학생들은 관사 a(n)와 the는 형용사라고 잘못 알고 있습니다. 그런데 관사는 한정사의 일종입니다. 형용사는 명사를 꾸며주는 단어이고, 한정사는 명사의 뜻을 한정해 주는 단어입니다. 형용사와 한정사는 ①처럼 명사 앞에 사용될 수 있다는 공통점이 있습니다.

①-1 These are fast cars. 이것들은 빠른 자동차이다.

①-2 This is a car. 이것은 자동차이다.

하지만 형용사와 한정사의 가장 중요한 차이점은 ②처럼 형용사는 명사 없이 사용될 수 있지만 한정사는 뒤에 명사가 꼭 와야 한다는 것입니다.

②-1 These cars are fast. 이 차들은 빠르다.

②-2 *This car is a.

한정사 뒤에는 반드시 명사가 와야 함

many와 much도 한정사입니다. ③-2가 비문인 이유도 many 뒤에 명사가 없기 때문입니다. (사실은 many가 '많은 사람'을 뜻하는 대명사로 사용될 수도 있는데 그러면 '사람이 많은 사람이다'라는 뜻이 되므로 역시 비문입니다.)

③-1 There are many people. 많은 사람이 있다.

③-2 *People are many. *사람이 많다.

many를 형용사로 배운 학생들은 ③-2가 왜 비문인지 이해가 되지 않습니다. strong과 weak 같은 형용사는 ③-1과 ③-2에 모두 사용될 수 있기 때문이죠. 그럼 ④에서는 왜 many 뒤에 명사가 없어도 될까요?

④-1 I don't have that many problems. 한정사

나는 그렇게 문제가 많지는 않다.

④-2 I don't have that many. 대명사

나는 그렇게 많지는 않다.

수량사는 한정사 또는 대명사로 사용됨

many가 ④-1에서는 한정사로 사용되었고, ④-2에서는 대명사로 사용되었기 때문입니다. many, much, few, little, some, any 등과 같이 불특정한 수나 양을 나타내는 단어를 수량사라고 하는데 이런 수량사는 모두 한정사와 대명사로 사용될 수 있습니다. (자세한 설명은 〈Grammar 절대 매뉴얼-실전편〉의 Lesson 18: 한정사와 수량사 참고) 의문사도 ⑤에서처럼 한정사와 대명사로 사용될 수 있습니다.

⑤ Which statements are fact and which are opinion?[28]
한정사 / 대명사
어떤 진술이 사실이고 어떤 것이 의견인가?

많은 문법책들이 many와 달리 much는 긍정문에 사용될 수 없고 ⑥-1에서처럼 much 대신 a lot of를 사용해야 한다고 설명합니다.[29] (그런데 사실 원어민들은 many도 긍정문에서는 잘 사용하지 않습니다.)

⑥-1 *Isaiah has much money. → Isaiah has a lot of money.
Isaiah는 돈이 많다.

물론 ⑥-2처럼 부정문에서는 much가 사용될 수 있습니다. much와 같이 부정문에만 사용되는 단어를 '부정극어 negative polarity item'라고 합니다.

⑥-2 Isaiah doesn't have much money.
Isaiah는 돈이 많지 않다.

격식 있는 글쓰기에서는 much도 긍정문에서 사용가능

부정문에만 사용되는 단어가 있다는 것이 이상하다고 느껴질지 모르지만 부정극어는 모든 언어에 나타나는 현상입니다. "걔는 재수 있어!"는 좀 이상하죠? '재수'가 바로 부정극어이기 때문입니다. 그런데 격식 있는 글쓰기에서는 ⑦처럼 much가 긍정문에 사용될 수도 있습니다.

⑦ The authors of this publication bring much experience in storytelling from their own work. (COCA:ACAD:2011)

이 출판물의 저자들은 그들의 작품을 통해 얻은 스토리텔링의 풍부한 경험을 가지고 온다.

⑦에서 a lot of 대신 much가 사용된 이유는 문장을 간결하게 만들기 위해서입니다. 간결성 brevity은 명확성 clarity, 세련미 elegance와 함께 영어 글쓰기에서 추구하는 세 가지 원칙 중 하나죠.[30]

글쓰기에서 자주 틀리는 형용사

alive는 서술형용사

alive와 living은 모두 '살아 있는'이라는 뜻을 가진 형용사입니다. 그런데 왜 다음 세 문장 중 ①-1만 비문일까요?

①-1 *This is an alive museum. *이것은 살아있는 박물관이다.

①-2 This is a living museum. 이것은 살아있는 박물관이다.

서술형용사

①-3 This museum is alive. 이 박물관은 살아있다.

대부분의 형용사는 명사 앞에 사용될 수도 있고 be동사 뒤에 사용될 수도 있습니다. 전자를 형용사의 한정 attributive용법, 후자를 서술 predicative용법이라고 하죠. 보통은 동일한 형용사가 두 가지의 용법으로 모두 사용될 수 있는데 only, main, prime, medical처럼 한정용법으로만 사용되는 형용사도 있고, afraid, alone, awake, alive처럼 서술용법으로만 사용되는 형용사도 있습니다.

medical은 한정형용사

가끔 사전에서 '한정형용사'와 '서술형용사'라는 용어를 접할 수 있는데 바로 이런 형용사들을 지칭하는 용어입니다. ①-1에서 alive가 명사 앞에 사용될 수 없는 이유도 alive가 서술형용사이기 때문이고, ②-2에서 medical이 be동사 뒤에 사용될 수 없는 이유도 medical이 한정형용사이기 때문입니다.

한정형용사

②-1 This is a medical issue.

이것은 의학적 문제이다.

②-2 *This issue is medical.

*이 문제는 의학적이다.

aforementioned도 한정형용사

새로운 형용사를 학습할 때는 그 형용사가 어떤 용법으로 사용되는지를 사전에서 꼭 확인해야 합니다. a-로 시작하는 형용사는 대부분 서술형용사이지만 그렇지 않은 것도 있습니다. 예를 들어, aforementioned(앞서 말한)는 a-로 시작하지만 한정형용사입니다. (afore는 a-와 fore가 합쳐진 단어입니다.) 따라서 ③과 같이 꼭 명사 앞에 사용되어야 합니다.

③ In addition to the aforementioned players, the Cardinals were without pitcher Al Brazle for this season.

(COCA:NEWS:2015)

앞서 언급한 선수들과 더불어, Cardinals(미국 프로야구팀)는 이번 시즌에 Al Brazle 투수가 없었다.

aforementioned와 동일한 의미를 가진 형용사 said도 ④와 같이 명사 앞에만 사용되는 한정형용사입니다. (aforementioned와 said는 격식 있는 문어체에서 주로 사용되는 형용사입니다.)

④ The said technology was designed in 1964 for the determination of moisture. (COCA:ACAD:2015)

앞서 언급한 기술은 1964년에 습기를 측정하기 위해 고안되었다.

서술형용사가 한정용법으로 사용되는 경우도 있음

그리고 서술형용사가 한정용법으로 사용되는 경우도 있습니다. Huddleston과 Pullum(2002)은 다음 예를 들면서 a-로 시작하는 서술형용사도 ⑤-2처럼 앞에서 꾸며주는 단어(still)와 함께 사용되거나 ⑥-2처럼 다른 형용사(amused)와 함께 사용되었을 경우에는 한정용법으로 사용될 수 있다고 설명합니다.[31]

⑤-1 *their awake children *깨어 있는 그들의 아이들

⑤-2 their still awake children 아직 깨어 있는 그들의 아이들

⑥-1 *She flashed me an aware glance.
*그녀는 나에게 의식하고 있는 눈빛을 보냈다.

⑥-2 She flashed me an aware, amused glance.
그녀는 나에게 의식하고 있고 즐거워하는 눈빛을 보냈다.

형용사의 용법을 표로 정리하면 다음과 같습니다. 형용사의 용법은 먼저 한정용법과 서술용법으로 나뉘고 한정용법은 다시 대등coordinate용법과 누적cumulative용법으로 나뉩니다. (대등형용사, 누적형용사라고도 하는데 동일한 형용사가 다른 용법으로 사용되는 것이니 이 책에서는 대등용법, 누적용법이라고 하겠습니다.)

〈형용사의 용법〉

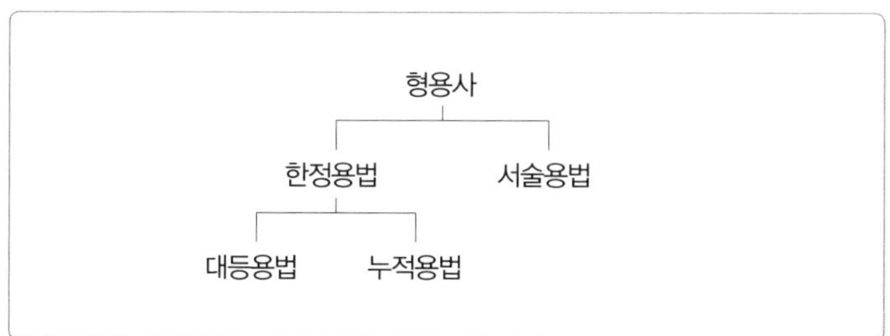

누적용법에서는 쉼표를 사용하지 않음

대등용법은 두 개 이상의 형용사가 쉼표로 연결된 것입니다. ⑥-2에서 aware와 amused가 대등용법으로 사용된 것이죠. 대등용법에는 두 가지 특징이 있습니다. 형용사의 순서가 바뀌어도 되고 쉼표 대신 and를 사용할 수도 있습니다. (글쓰기에서는 간결성이 중요하므로 쉼표를 사용하는 것이 좋겠죠.) 반면에 ⑦과 같은 누적용법에서는 형용사의 순서를 바꿀 수 없고 쉼표 또는 and를 사용할 수도 없습니다.[32] (자세한 설명은 〈Writing 절대 매뉴얼-입문편〉의 Lesson 4: C. and로 연결되어 있지 않은 대등 형용사 사이 참고)

누적용법

⑦ When I come home at three or four in the morning, as I open the gate to the short gravel driveway that leads from the dead-end circle to my parents' small old white (painted) brick house, I say "White Fang doggie" to the wagging dancing canine. (COCA:1999:FIC)

아침 3–4시에 집에 오면, 막다른 길에서 부모님의 작고 오래된 흰색(으로 칠한) 벽돌집으로 이어지는 짧은 자갈 깔린 진입로로 들어가는 문을 열 때, 꼬리를 흔들며 반기는 개에게 나는 "White Fang doggie"라고 말한다.

독해를 할 때는 쉼표를 보고 대등용법과 누적용법을 구분하면 되는데 작문을 할 때는 쉼표 사용 여부를 어떻게 결정할까요? 대등용법과 누적용법을 구분하는 요소는 의미범주semantic category입니다. 두 개의 형용사가 동일한 의미범주에 속하면 대등용법으로 사용되고 다른 의미범주에 속하면 누적용법으로 사용됩니다. 그런데 이 의미범주라는 것이 opinion, size, shape, condition, age, color, origin 등 종류가 많아서 두 개의 형용사가 동일한 범주에 속하는지 아닌지 결정하기 쉽지 않은 경우가 많습니다.

대등용법에서는 쉼표를 사용

쉼표 사용 여부를 결정하는 또 다른 방법은 앞에서 설명한 것처럼 형용사의 순서를 바꾸거나 and를 넣어 보는 것입니다. 그렇게 해도 어색하지 않으면 쉼표를 사용하면 되죠. 문제는 어색한지 아닌지가 구분하기 쉽지 않다는 것이죠. 또한 Honegger(2005)는 다음 예를 들면서 대등용법으로 사용된 형용사가 순서는 바뀔 수 없지만 and는 사용될 수 있는 경우도 있다고 설명합니다.[33]

대등용법

⑧ a tall, muscular football player

*a muscular, tall football player

= a tall and muscular football player

키가 큰 근육질의 미식축구선수

이는 문법 학습도 중요하지만 영어를 많이 접하는 것이 더 중요하다는 것을 다시 한번 보여주는 대목입니다. 대등용법과 누적용법의 차이점을 학습한 후 형용사 사이에 사용된 쉼표에 유의하며 원서를 읽다 보면 영작문을 할 때 어떤 형용사들 사이에 쉼표를 사용해야 하는지 알게 될 것입니다.

1. 대명사로 사용되지 않은 한정사 뒤에는 명사가 꼭 와야 한다.

   e.g. *People are many. → There are many people.

2. 격식 있는 글쓰기에서는 much도 긍정문에서 사용될 수 있다.

   e.g. The authors of this publication bring much experience in storytelling from their own work.

3. 서술형용사는 be동사 뒤에만 사용되고, 한정형용사는 명사 앞에만 사용된다.

   e.g. This museum is alive. This is a medical issue.

4. 대등용법에서는 쉼표를 사용하고, 누적용법에서는 쉼표를 사용하지 않는다.

   e.g. an aware, amused glance
   my parents' small old white brick house

전치사와 명사화

Prepositions & Nominalization

Q 아래 빈칸에 들어갈 공통된 단어는 무엇일까요?

ⓐ I am Thor, son ____ Odin.
ⓑ Are we asking too much ____ life?
ⓒ The same can be said ____ the human brain.

A 정답은 of입니다. of는 주로 무생물의 소유를 나타내는 '~의'라는 뜻으로 사용된다고 알려져 있습니다. 그런데 ⓐ에서는 Odin's son 대신 of가 사용되었고, ⓑ와 ⓒ에서는 각각 from과 about의 뜻으로 사용되었습니다. 이러니 전치사가 어려울 수밖에 없겠죠.

A 전치사의 용법과 의미

전치사 + 형용사 또는 부사

학교문법에서 전치사는 명사와 대명사를 목적어로 취한다고 설명합니다. 하지만 전치사는 동사를 제외한 거의 모든 단어를 목적어로 취할 수 있습니다.[34] ①과 ②에서는 전치사가 각각 형용사와 부사를 목적어로 취했습니다.

① They have resuscitated a baseball town given up for dead. (COCA:2016:NEWS) 형용사

그들은 죽었다고 포기한 야구 도시를 되살렸다.

② Until recently, an American phone in Iran would not receive any signal. (COCA:2016:NEWS) 부사

최근까지 이란에 있는 미국 전화기는 어떠한 신호도 받지 못했다.

전치사 + 전치사구 또는 명사절

전치사는 또 ③에서처럼 전치사구, ④에서처럼 명사절을 목적어로 취하기도 합니다. 이렇듯 다양한 형태의 목적어를 취하니 전치사가 어려울 수밖에 없겠죠.

③ The document listed ninety-five theses against contemporary religious practices, including against the selling of indulgences.[35] 전치사구

이 문서에는 면죄부 판매를 반대하는 것을 포함하여 현대 종교 관행에 반대하는 95개 논제가 수록되어 있다.

④ From when he enlisted and was subjected to the special serum that turned him super, Captain America has been in the U.S. Army, all told, for something like 66 years. (COCA:2016:MAG) 명사절

캡틴 아메리카는 입대하고 그를 특별하게 만든 특수 혈청을 맞았을 때부터, 미국 육군에 통틀어 약 66년간 복무했다.

in Vermont = 버몬트 주에서 on Vermont = 버몬트 길에서

전치사가 어려운 또 하나의 이유는 다른 전치사를 사용했을 때 문장의 뜻이 변할 때도 있고 그렇지 않을 때도 있다는 것입니다. ⑤에서 at과 on을 모두 in으로 바꾸면 어떻게 될까요?

⑤ I met her at a restaurant on Vermont.[36]

나는 그녀를 버몬트 길에 있는 레스토랑에서 만났다.

in a restaurant와 at a restaurant는 뜻의 차이가 거의 없습니다. 그런데 in Vermont와 on Vermont는 완전 다른 뜻이 됩니다. 주(state) 이름 앞에는 in을 사용하고 길 이름 앞에는 on을 사용하므로 in Vermont는 '버몬트 주에 있는'이라는 뜻이 되고 on Vermont는 '버몬트 길에 있는'이라는 뜻이 되죠.

고대영어에서는 하나의 전치사가 여러 뜻으로 사용되었음

전치사의 뜻이 겹치는 이유는 고대영어 Old English로 거슬러 갑니다. 고대영어에서는 단어의 굴절 inflection이 대다수의 문법적인 기능을 담당하였습니다. 그래서 전치사가 많지도 않았고 하나의 전치사가 여러 뜻으로 사용되었습니다. at은 in, to, from, with, next to의 뜻으로도 사용되었고, on은 at, as, for, in, to, with, into, onto, during, among, against, according to의 뜻으로도 사용되었죠.[37]

전치사는 쓰임이 너무 다양해서 학교문법에서 설명하는 것 이외에도 다른 용법이 많이 있습니다. 예를 들어, 학교문법에서는 무생물의 소유는 the legs of this table처럼 of로 나타내고 생물의 소유는 my cat's legs처럼 's로 나타낸다고 설명하는데 ⑥처럼 자신의 혈통을 밝히는 문장에는 of가 사용됩니다.

⑥ I am Thor, son of Odin.

나는 오딘의 아들 토르다.

of의 원래 뜻은 away 또는 from

원래 전치사 of는 근원을 나타내는 away 또는 from이라는 뜻을 가지고 있었습니다. 그런데 중세영어에서 프랑스어를 영어로 번역하는 과정에서(예를 들어 pieces de la collection을 pieces of the collection으로, La Ville de Paris를 The City of Paris로) of의 원래 뜻이 사라지면서 다양한 의미로 사용되기 시작하였죠.[38] 하지만 ⑦처럼 아직도 from의 뜻으로 사용되는 of가 있습니다.

⑦ Are we asking too much of life? (COCA:1990:FIC)

우리는 삶으로부터 너무 많은 것을 요구하는가?

from의 의미로 사용된 of는 한국 학생들이 많이 틀리는 용법 중 하나입니다. 예를 들어 ⑧과 ⑨에 of 대신 to 또는 from을 사용하는 오류를 종종 범합니다.(그런데 요즘은 회화에서 I asked a question to my teacher.라고 말하는 원어민들도 있습니다.)

⑧ She asked a question of the questioner. (COCA:2016:NEWS)

그녀는 질문자에게 질문을 했다.

⑨ "Pop the trunk," she demanded of the driver. (COCA:2010:FIC)

"트렁크를 열어"라고 그녀가 기사에게 요구했다.

⑩과 ⑪에서도 of는 from의 뜻으로 사용되었습니다.

⑩ Jackie and I took leave of each other. (COCA:2011:MAG)

Jackie와 나는 작별을 고했다.

⑪ Both his parents died of cancer in their 70s. (COCA:2015:ACAD)

그의 부모는 모두 70대에 암으로 사망했다.

Of와 명사화

가장 흔히 사용되는 전치사는 of

of는 사용빈도가 가장 높은 전치사입니다. 영어에는 100여개의 전치사(according to, except for, regardless of와 같은 복합 전치사 포함)가 있는데 of가 모든 전치사 사용빈도의 약 30%를 차지합니다.[39] of의 사용빈도가 높은 첫 번째 이유는 of가 다양한 의미로 사용되기 때문입니다. 소유의 의미 외에 앞에서 설명한 from의 뜻으로 사용되기도 하고, ①에서처럼 about과 비슷한 뜻으로 사용되기도 합니다.

① The same can be said of the human brain. (COCA:2017:FIC)

인간의 뇌에 대해서도 마찬가지라고 할 수 있다.

about과 달리 of는 기본적으로 소유의 의미를 가지고 있기 때문에 대상 그 자체에 초점이 맞춰져 있습니다.[40] 따라서 ②-1에서는 Jaden이라는 이름만 들어봤다는 뜻이 되고 ②-2에서는 Jaden에 관해 여러 가지를 들어봤다는 뜻이 되죠.

②-1 I've heard of Jaden.
나는 Jaden의 이름을 들어본 적이 있다.

②-2 I've heard about Jaden.
나는 Jaden에 대해 들어본 적이 있다.

목적어를 취하기 위한 of

of의 사용빈도가 높은 두 번째 이유는 of가 문법적인 기능을 수행하는 전치사로도 사용되기 때문입니다. 예를 들어 Roberts(1997)는 ③에서 of가 사용된 이유는 단지 형용사 proud와 명사 destruction이 목적어를 취할 수 없기 때문이라고 설명합니다.[41]

③-1 John is proud of his children.
존은 그의 아이들을 자랑스러워한다.

③-2 the destruction of the city
도시의 파괴

③에서처럼 전치사가 문법적인 기능을 수행하게 된 이유는 동일한 기능을 담당하던 단어의 굴절이 중세영어Middle English에서부터 점차 사라졌기 때문입니다.[42]

명사화로 문장을 간결하게 만들기

of는 학술적인 글쓰기에서 많이 사용됩니다. 동사의 명사화nominalization와 함께 자주 사용되기 때문이죠. ③-2에서처럼 동사 destroy를 명사형 destruction으로 사용하는 것이 바로 명사화입니다. 그럼 명사화는 왜 학술적인 글쓰기에 자주 사용될까요? 명사화를 사용하면 ④와 같이 중문을 단문으로 바꿀 수 있기 때문입니다.

④-1 The city was destroyed, and that shocked everyone. 중문
도시는 파괴되었고, 그것이 모두를 놀라게 했다.

명사화

④-2 The destruction of the city shocked everyone. 단문
도시의 파괴는 모두를 놀라게 했다.

그리고 ⑤에서처럼 형용사로 간결하게 명사화를 꾸며줄 수 있습니다.[43]

⑤ The sudden, complete destruction of the city shocked everyone.

도시의 갑작스럽고 완전한 파괴는 모두를 놀라게 했다.

명사화를 사용하면 ⑥에서처럼 절clause에 담겨 있는 정보를 타동사의 목적어로 사용할 수도 있습니다.

⑥ This critique of the Jewish leaders by Matthew reflects the tension present after A.D. 70, when the Romans destroyed the Temple in Jerusalem. Matthew sees that destruction of the Temple as divine punishment upon the leaders who rejected Jesus and who, in his view, were responsible for Jesus' death because they swayed the crowds against him. (COCA:2014:MAG)

마태에 의한 유대인 지도자들의 이러한 비평은 로마인들이 예루살렘의 사원을 파괴했던 서기 70년 이후에 현존하는 갈등을 보여준다. 마태는 사원의 파괴를 예수를 거역한 지도자들에 대한 천벌이라고 보고, 그의 관점에서는 지도자들이 예수에 대항하는 군중을 선동했기 때문에 예수의 죽음에 책임이 있다고 본다.

명사화를 문장의 주제로 사용

⑦은 동일한 본문에서 ⑥바로 뒤에 나오는 문장인데 여기서는 명사화가 주어로 사용되었습니다. ⑦에서처럼 명사화를 문장의 주제theme 위치(=문장 앞부분)에 사용하는 것은 학술적인 글쓰기에 나타나는 특징 중 하나입니다.[44]

⑦ The destruction of the Temple was this tremendously traumatic event, and Matthew, trying to understand it from a theological point of view, interprets it as a consequence for the rejection of Jesus by those intervening generations of Jews. (COCA:2014:MAG)

이 사원의 파괴는 엄청나게 충격적인 사건이었고, 마태는 이것을 신학적 관점에서 이해하려고 노력한 결과 중간 유대인 세대의 예수에 대한 저항의 결과라고 해석하였다.

그러나 명사화를 사용하는 것이 항상 좋은 것은 아닙니다. 예를 들어, Williams(2005)는 ⑧-1에서처럼 명사화가 be동사와 함께 사용된 경우는 명사화를 동사로 바꾸는 것이 좋다고 설명합니다.[45]

⑧-1 The intention of the committee is improvement of morale. BAD

위원회의 목적은 사기 진작이다.

⑧-2 The committee intends to improve morale. GOOD

위원회는 사기를 진작시키려고 한다.

1. 전치사는 동사를 제외한 거의 모든 단어를 목적어로 취할 수 있다.

   e.g. They have resuscitated a baseball town given up for dead.

2. of의 원래 뜻은 from이었고 아직도 그 뜻으로 사용되는 경우가 있다.

   e.g. ⓐ Are we asking too much of life?

   ⓑ Jackie and I took leave of each other.

3. 단순히 목적어를 취하기 위해 of가 사용될 수 있다.

   e.g. Isaiah is proud of his children.

4. 동사의 명사화nominalization를 사용하면 문장이 간결해진다.

   e.g. The sudden, complete destruction of the city shocked everyone.

필요한 단어
Needed words

Q 다음은 Seoul의 정의인데 꼭 필요한 단어가 하나 빠져있습니다. 그 단어가 무엇일까요?

*a city and the capital of South Korea

A 정답은 in입니다. the capital of South Korea는 말이 되지만 a city of South Korea는 말이 되지 않습니다. a city in South Korea가 되어야겠죠. 그래서 Seoul의 정확한 정의는 a city <u>in</u> and the capital of South Korea 입니다.

자주 누락되는 단어

등위접속사 앞에 누락된 전치사

Canberra를 영영사전에서 찾으면 다음과 같은 정의가 나옵니다. "어, in이 왜 있지? 뒤에 명사 없이 전치사를 저렇게 써도 되나?"라며 많은 학생들이 의아해하죠.

① a city <u>in</u> and the capital of Australia[46]

호주에 있는 도시와 호주의 수도

in은 꼭 필요한 단어입니다. in이 없으면 a city of Australia라는 뜻이 되므로 문법에 맞지 않는 표현이 되죠. 그럼 다음 문장에서 필요한 단어는 무엇일까요?

②-1 *The transnationalists believe and promote the blending of international and domestic law.

*초국가주의자들은 국제법과 국내법의 융합을 믿고 장려한다.

위 문장에서 필요한 단어도 in입니다. '~의 존재 · 정당성을 믿다'라는 뜻의 believe는 ②-2에서처럼 in과 함께 사용되어야 하기 때문이죠.

②-2 The transnationalists believe in and promote the blending of international and domestic law. (COCA:2011:ACAD)

초국가주의자들은 국제법과 국내법의 융합을 믿고 장려한다.

등위접속사 뒤에 누락된 전치사

그럼 ③-1에서 누락된 단어는 무엇일까요?

③-1 *Leaving out something is not a feature of failed explanations, but successful explanations.

*무언가를 빼는 것은 실패한 설명의 특징이 아니라 성공적인 설명이다.

위 문장에서 누락된 단어는 of입니다. ③-2에서처럼 but 다음에 of가 추가되어야 하죠.

③-2 Leaving out something is not a feature of failed explanations, but of successful explanations.[47]

무언가를 빼는 것은 실패한 설명의 특징이 아니라 성공적인 설명의 특징이다.

but of successful explanations는 ③-3으로 바꾸어 쓸 수 있는데, 만약 of가 없다면 ③-4와 같은 이상한 문장이 되어 버립니다.

③-3 Leaving out something is a feature of successful explanations.

무언가를 빼는 것은 성공적인 설명의 특징이다.

③-4 ?Leaving out something is successful explanations.

?무언가를 빼는 것은 성공적인 설명이다.

현재완료에서 누락된 분사

④-1은 한국에서 출판된 어떤 책의 뒤표지에 나오는 문장인데 꼭 필요한 단어가 하나 빠져 있습니다.

④-1 *Korea has and always will be my second home.

*한국은 나의 제2의 고향을 가지고 있고 앞으로도 항상 그럴 것이다.

and 전까지의 부분을 문장으로 바꾸면 위 문장에 어떤 단어가 필요한지 알게 됩니다.

④-2 ?Korea has my second home.

?한국은 나의 제2의 고향을 가지고 있다.

④-2는 문법적으로 틀린 문장은 아니지만 저자가 의도한 문장이 되려면 ④-3에서처럼 been을 사용해야 합니다.

④-3 Korea has <u>been</u> and always will be my second home.

한국은 나의 제2의 고향이었고 앞으로도 항상 그럴 것이다.

잘못된 비교 대상

⑤-1과 ⑥-1도 학생들이 작문에서 자주 범하는 오류를 포함하고 있습니다.

⑤-1 *His manner of speech was less odd than Josh.

*그의 말투는 Josh보다 덜 이상했다.

⑥-1 *Their films were closer to reality than their rivals.

*그들의 영화는 경쟁자들보다 현실에 더 가까웠다.

위 두 문장에서 비교되는 것은 각각 manner of speech와 films입니다. 따라서 ⑤-1의 Josh는 Josh's manner of speech(또는 Josh's), ⑥-1의 their rivals는 their rivals' films(또는 their rivals')가 되어야 합니다. 그런데 문장의 세련미를 위해서는 아래처럼 각각 that of와 those of를 추가하는 것이 좋습니다. (〈Writing 절대 매뉴얼-입문편〉 Lesson 8: 교차 배열법 참고)

⑤-2 His manner of speech was somewhat less odd than that of Josh. (COCA:2017:FIC)

그의 말투는 Josh의 말투보다 덜 이상했다.

⑥-2 Their films were more coherent and closer to reality than those of their rivals. (COCA:2017:ACAD)

그들의 영화는 경쟁자들의 영화보다 더 일관성이 있고 현실에 가까웠다.

동사구 생략으로 문장을 간결하게 만들기

⑦-1은 문법적으로 틀린 곳은 없지만 다양한 방법으로 좀 더 간결하게 만들 수 있습니다.

⑦-1 The native speakers of Korean will be asked to pronounce Korean vowels, whereas the native speakers of English will be asked to pronounce English vowels.

한국어 원어민들은 한국어 모음을 발음하도록 요구될 것이고, 영어 원어민들은 영어 모음을 발음하도록 요구될 것이다.

첫 번째 방법은 ⑦-2처럼 동사구를 생략gapping하는 것입니다.

(〈Writing 절대 매뉴얼-입문편〉 Lesson 12: 동사 생략 참고)

⑦-2 The native speakers of Korean will be asked to pronounce Korean vowels and the native speakers of English English vowels.

respectively가 누락된 문장

그런데 ⑦-2는 English가 두 번 연속 나오는 문제가 있습니다. 이 문제는 ⑦-2를 ⑦-3과 같이 수정하면 해결되는데 ⑦-3은 뜻이 명확하지 않습니다.

⑦-3 ?The native speakers of Korean and the native speakers of English will be asked to pronounce Korean vowels and English vowels.

?한국어 원어민과 영어 원어민들은 한국어 모음과 영어 모음을 발음하도록 요구될 것이다.

⑦-3에서는 한국어 원어민과 영어 원어민이 한국어 모음과 영어 모음을 모두 발음한다는 것인지 아니면 각각 한국어 모음과 영어 모음을 발음한다는 것인지 불분명합니다. 이 문제는 ⑦-4에서처럼 respectively란 단어를 추가하면 해결됩니다.

⑦-4 The native speakers of Korean and the native speakers of English will be asked to pronounce Korean vowels and English vowels, respectively.

한국어 원어민과 영어 원어민들은 각각 한국어 모음과 영어 모음을 발음하도록 요구될 것이다.

학술지 논문의 초록에는 보통 200자 내외의 단어 수 제한이 있습니다. 따라서 ⑦-1처럼 전혀 문제가 없는 문장을 좀 더 간결한 문장으로 바꿔야 할 때도 있습니다. 문장을 간결하게 하면서 ⑦-3에서처럼 respectively를 누락하는 것은 빈번히 발생하는 오류이니 이런 오류를 범하지 않도록 유의해야 합니다.

필요한 that과 불필요한 that

세 개의 that 명사절을 연결하는 and

①-1에는 꼭 필요한 that이 하나 빠져 있습니다. 어디에 that을 사용해야 할까요?

①-1 *He explained that worshipping gods is a waste of time, that there is no existence after death, and happiness is the sole purpose of life.

*그는 신을 숭배하는 것은 시간 낭비이며, 사후에는 존재가 없고, 행복이 삶의 유일한 목적이라고 설명했다.

위 문장에서 and는 세 개의 that 명사절을 연결해 주므로 ①-2와 같이 and 뒤에 that이 사용되어야 합니다.

①-2 In ancient Greece the philosopher Epicurus explained that worshipping gods is a waste of time, that there is no existence after death, and that happiness is the sole purpose of life.[48]

고대 그리스의 철학자 에피쿠로스는 신을 숭배하는 것은 시간 낭비이며, 사후에는 존재가 없고, 행복이 삶의 유일한 목적이라고 설명했다.

두 개의 that 명사절을 연결하는 and

②-1에서는 and 뒤의 절이 독립절인지 said의 목적어인지 불분명합니다. 독립절이라면 and 앞에 쉼표를 찍어야겠죠.

②-1 *He said that he was encouraged by the conversation and he hoped Mr. Trump maintains that spirit.

*그는 대화를 통해 고무되었다고 말했고 트럼프가 그런 정신을 유지하기를 바랐다.

하지만 and 뒤의 내용이 He said의 목적어로 해석되려면 ②-2에서처럼 and 뒤에 that을 사용해야 합니다. (He는 오바마 대통령을 지칭합니다.)

②-2 He said that he was heartened by the conversation that he had with Mr. Trump at 3:30 a.m. and that he hoped Mr. Trump maintains that spirit.[49]

그는 오전 3시 30분에 트럼프와 나눈 대화로 고무되었고, 트럼프가 그런 정신을 유지하기를 바란다고 말했다.

불필요한 that

and, but, or와 같은 등위접속사 뒤에 that을 누락하는 것은 영작문에서 빈번하게 발생하는 오류입니다. 이와 반대로 학생들은 불필요한 that을 추가하는 경우도 있습니다. ③-1은 한 학생이 영문법 수업 후에 제게 질문한 문장입니다. the agency said 앞 또는 뒤에 that이 필요하지 않냐는 질문이었죠.

③-1 Hillary Clinton called on the FBI to "immediately" explain its review of a new batch of emails the agency said appeared to be pertinent to the previous investigation into her use of a private server.[50]

힐러리 클린턴은 FBI가 그녀의 사설 서버 사용에 대한 이전 조사와 관련이 있다고 밝힌 새로운 이메일 검토 내용을 "즉시" 설명할 것을 요청했다.

③-2와 같이 the agency 앞에 that을 사용하는 것은 가능합니다. 이 that은 관계대명사이므로 that 대신 which도 가능합니다.

③-2 She called on the FBI to "immediately" explain its review of a new batch of emails **that** the agency said appeared to be pertinent to the previous investigation into her use of a private server.

하지만 ③-3과 같이 the agency said 다음에 that을 사용하는 것은 불가능합니다. 이 that은 명사절을 이끄는 종속접속사 that입니다.

③-3 *She called on the FBI to "immediately" explain its review of a new batch of emails the agency said **that** appeared to be pertinent to the previous investigation into her use of a private server.

that-흔적 효과 1

③-1에서 said 뒤에 that을 사용하면 안 되는 이유는 아래 문장으로 설명하도록 하겠습니다.

④-1 The accident he said happened last night never happened.

그가 어젯밤 발생했다고 말한 사고는 결코 발생하지 않았다.

④-1은 아래 두 문장이 합쳐진 문장입니다.

ⓐ The accident never happened.

ⓑ He said that the accident happened last night.

ⓐ와 ⓑ를 관계대명사 which(또는 that)로 연결할 때는 ⓑ의 종속접속사 that을 꼭 삭제해야 합니다. 그렇지 않으면 비문이 되죠.

④-2 The accident **which** he said ø happened last night never happened.

④-3 *The accident **which** he said **that** happened last night never happened.

목적격 관계대명사는 생략이 가능하므로 ④-2에서 which를 생략하면 ④-1이 됩니다. (which의 선행사 the accident는 happened의 주어이지만 the accident happened last night 전체가 said의 목적어이므로 which는 목적격 관계대명사로 간주됩니다.)

that-흔적 효과 2

그럼 ⓐ와 ⓒ를 관계대명사로 연결하면 어떻게 될까요?

ⓐ The accident never happened.

ⓒ He said that he caused the accident last night.

④와 같이 관계대명사는 생략이 가능합니다. 하지만 ④와 다른 점은 종속접속사 that을 삭제하지 않아도 된다는 것입니다. 따라서 ⑤-1과 ⑤-2가 모두 가능합니다.

⑤-1 The accident (which) he said ø he caused last night never happened.
어젯밤 그가 야기했다고 말한 사고는 결코 일어나지 않았다.

⑤-2 The accident (which) he said **that** he caused last night never happened.

④와 ⑤의 차이점은 the accident가 ⓑ에서는 주어 자리에 있고 ⓒ에서는 목적어 자리에 있다는 것입니다. ③에서 the agency said 다음에 that이 사용될 수 없는 이유도 a new batch of emails가 appeared의 주어이기 때문입니다. 이런 현상을 언어학에서는 'that-흔적 효과*that*-trace effect'라고 하는데,[51] 이 현상이 왜 나타나는지는 학자마다 의견이 다릅니다.

1. 등위접속사 앞 · 뒤로 누락된 단어가 없는지 확인한다.

e.g. ⓐ Korea has ^been and always will be my second home.

ⓑ Leaving out something is not a feature of failed explanations, but ^of successful explanations.

2. 비교하는 대상이 적절한지 확인한다.

e.g. His manner of speech was less odd than ^that of Josh.

3. 등위접속사 뒤에 that이 누락되지 않았는지 확인한다.

e.g. He said that he was encouraged by the conversation and that he hoped Mr. Trump maintains that spirit.

4. 생략된 것이 주어일 때는 종속접속사 that을 사용할 수 없다.

e.g. ⓐ *The accident (which) he said that *t* happened last night never happened.
t = trace(생략된 것의 흔적)

ⓑ The accident (which) he said that he caused *t* last night never happened.
t = trace(생략된 것의 흔적)

1. 다음 문장에서 신조어를 찾고 신조어가 만들어진 방법을 쓰세요.

This book is about the experiences of urbanman (collective noun, no sex differentiation, men and women together).[52]

2. 다음 문장을 간결하게 수정하세요.

They save employers money, and workers typically get access to their earnings more quickly. (COCA:2016:NEWS)

3. 다음 글에서 비대격동사를 찾아 동그라미하세요.

Veteran Congressman Frank Annunzio (D) finds himself under harsh fire because of bad news from the nation's capital. For Mr. Annunzio, a former union man turned politician, this could be the toughest battle of his 26-year House career. (COCA:1990:NEWS)

4. 다음 글에서 가산 · 불가산명사로 모두 사용된 명사를 하나 찾아 동그라미하세요.

I have never ceased to regret it but, since the War, I have received so much evidence that the book has been read under that name that I hesitate to make a change for fear of causing confusion. Had the chance occurred during the War I should not have hesitated to make the change, for I had only two evidences that anyone had ever heard of it.[53]

5. 다음 문장에서 nobody와 nothing 앞에 왜 부정관사가 사용되었을까요?

"Not much," said Thor. "I've always prided myself on being powerful, and right now I feel like <u>a nobody</u> and <u>a nothing</u>."[54]

6. 다음 문장에서 문법적으로 틀린 곳을 찾아 수정하세요.

Only the mobile messaging services aforementioned are supported at launch and users will not be able to send videos or pictures.

7. 다음 빈칸에 공통으로 들어갈 단어는 무엇일까요?

ⓐ Neither asked a question ______ the other.

ⓑ "Where's my surprise?" Grandma Knudson demanded ______ her grandson.

ⓒ "I like the expression,"he said ______ "America first."From that moment on, he began using it at his rallies, and it became the stuff of bumper stickers and chants.

ⓓ When Jackie Kleinman ______ San Francisco, who has dined out in the Bay Area two to three times a week for the past 23 years, had good service at a restaurant recently, she was so surprised that she realized how jaded she's become about dining out.

8. 각 문장의 빈칸을 적절한 단어로 채우세요.

ⓐ This book will convince you not only that pronunciation is an important part of second language teaching and learning but also ______ research in this area is absolutely fascinating.

ⓑ Some of the errors in the use of connectors in the writing of non-native graduate students at UCLA strongly suggest that they could benefit from exposure ______ and analysis of well-selected authentic written discourse containing commonly occurring connectors.

9. 다음 문장에서 생략되어야 하는 단어를 찾아 X표 하세요.

I only recommend products that I feel that will really help you.

Answers

Exercise 1

1. This book is about the experiences of urbanman (collective noun, no sex differentiation, men and women together). 단어합성(compounding)

이 책은 도시인의(집단 명사, 성의 구별 없음, 남녀 모두) 경험에 관한 것이다.

2. They save employers money, and workers typically access their earnings more quickly.

그것들은 고용주들에게 돈을 절약해주고, 근로자들은 일반적으로 그들의 소득에 더 빨리 접근한다.

3. Veteran Congressman Frank Annunzio (D) finds himself under harsh fire because of bad news from the nation's capital. For Mr. Annunzio, a former union man turned politician, this could be the toughest battle of his 26-year House career.

노련한 민주당 하원의원 Frank Annunzio는 국가 수도의 나쁜 소식 때문에 격렬한 비난을 받고 있다. 전직 노조원에서 정치인으로 전향한 Annunzio 씨에게 이것은 그의 26년간의 하원 경력 중 가장 힘든 싸움일 수도 있다.

4. I have never ceased to regret it but, since the War, I have received so much evidence that the book has been read under that name that I hesitate to make a change for fear of causing confusion. Had the chance occurred during the War I should not have hesitated to make the change, for I had only two evidences that anyone had ever heard of it.

나는 결코 그것을 후회하는 것을 멈춘 적이 없지만, 전쟁 이후로 그 제목으로 그 책이 읽혀졌다는 많은 증거를 얻었으므로 혼란을 일으킬 것을 우려하여 (책 제목을) 바꾸는 것을 주저하였다. 만약 기회가 전쟁 중에 있었다면, 나는 이 책을 누가 들어봤다는 단 두 개의 증거만을 가지고 있었기 때문에 그 (책 제목을) 바꾸는 것을 주저하지 않았을 것이다.

5. "Not much," said Thor. "I've always prided myself on being powerful, and right now I feel like a nobody and a nothing."

"별로였어"라고 토르가 말했다. "나는 내가 강력한 것이 항상 자랑스러웠고, 지금은 보잘것없는 사람 그리고 아무것도 아닌 것처럼 느껴져."

A: nobody와 nothing은 원래 부정대명사이지만 위 문장에서는 보통명사로 사용되었으므로 앞에 관사가 사용되었습니다.

6. Only the aforementioned mobile messaging services are supported at launch and users will not be able to send videos or pictures. (COCA:2017:MAG)

앞서 언급한 모바일 문자 서비스만 출시 시점에 지원되고 사용자들은 동영상이나 사진을 전송할 수 없다.

7. ⓐ Neither asked a question of the other. (COCA:1991:FIC)
두 사람 중 누구도 다른 사람에게 질문하지 않았다.

ⓑ "Where's my surprise?" Grandma Knudson demanded of her grandson. (COCA:2011:FIC)
"내 깜짝 선물은 어디 있지?"Knudson 할머니가 그녀의 손자에게 요구했다.

ⓒ "I like the expression,"he said of "America first."From that moment on, he began using it at his rallies, and it became the stuff of bumper stickers and chants.[55]
"저는 그 표현이 좋습니다"라고 그는 "미국 우선"에 대해 말하였다. 그 순간부터 그는 그 표현을 집회에서 사용하기 시작했고 그 표현은 범퍼 스티커와 구호가 되었다.

ⓓ When Jackie Kleinman of San Francisco, who has dined out in the Bay Area two to three times a week for the past 23 years, had good service at a restaurant recently, she was so surprised that she realized how jaded she's become about dining out. (COCA:2000:NEWS)
지난 23년 동안 일주일에 2–3번 Bay Area에서 외식을 했던 샌프란시스코의 Jackie Kleinman은 최근에 식당에서 좋은 서비스를 받았는데, 너무 놀라서 그녀가 외식에 얼마나 기대를 하지 않고 있다는 것을 깨달았다.

8. ⓐ This book will convince you not only that pronunciation is an important part of second language teaching and learning but also that research in this area is absolutely fascinating.[56]
이 책은 발음이 제2언어 교육 및 학습에 중요한 부분일 뿐만 아니라 이 분야의 연구가 굉장히 매력적이라는 것을 보여 줄 것이다.

ⓑ Some of the errors in the use of connectors in the writing of non-native graduate students at UCLA strongly suggest that they could benefit from exposure to and analysis of well-selected authentic written discourse containing commonly occurring connectors.[57]
UCLA에 재학 중인 비원어민 대학원생의 글쓰기에 나타난 연결사 사용의 몇몇 오류는 그들이 흔히 사용되는 연결사를 포함한 엄선된 실제 쓰기담화에 대한 노출과 분석으로부터 도움을 받을 수 있음을 강력히 시사한다.

9. I only recommend products that I feel that will really help you.[58]
저는 당신에게 정말 도움이 될 것이라고 느끼는 제품만을 추천합니다.

Part 2

문장과 담화

Sentences & Discourse

Lesson 7 중문과 복문 Coordination & Subordination

Lesson 8 to부정사와 분사구문 *To*-infinitives & Participial phrases

Lesson 9 문미 수식어구 Sentence-final modifiers

Lesson 10 어순과 정보구조 Word order & Information structuring

Lesson 11 글의 응집성 Cohesion

중문과 복문
Coordination & Subordination

Q 다음 문장의 빈칸에 들어갈 연결구는 무엇일까요?

It is hot in the desert in the day, but ___________ it's very cold at night.[1]

ⓐ in contrast ⓑ on the contrary

A 정답은 ⓐ in contrast입니다. 많은 학생들이 in contrast와 on the contrary의 뜻이 비슷하다고 잘못 알고 있습니다. 사전 또는 숙어집에 보통 in contrast는 '그에 반해서', on the contrary는 '그와는 반대로'라고 해석되어 있으니 두 연결구의 뜻이 비슷하다고 생각하는 것이죠. 하지만 on the contrary는 강조를 나타내는 in fact, as a matter of fact와 비슷한 뜻을 가진 연결구입니다.

중문

문장은 구조에 따라 단문, 중문, 복문으로 나뉩니다. ①-1은 두 개의 단문으로 이루어져 있습니다.

①-1 If they sound hopeless, they're not. On the contrary, they see progress. (COCA:2017:MAG)

만약 그들이 절망적으로 들린다면, 그렇지 않다. 반대로(사실은) 그들은 진전을 보고 있다.

두 개의 단문을 세미콜론으로 연결하면 중문이 됨

①-1은 ①-2와 같이 세미콜론(;)을 사용해 중문으로 바꿀 수 있습니다. 만약 세미콜론 대신 ①-3에서처럼 쉼표를 사용하면 무종지문run-on sentence이라는 비문이 됩니다.

①-2 If they sound hopeless, they're not; on the contrary, they see progress.

①-3 *If they sound hopeless, they're not, on the contrary, they see progress.

영어에서는 세미콜론과 등위접속사만이 두 개의 동등한 단문을 연결할 수 있습니다. on the contrary는 등위접속사가 아니므로 문장을 연결할 수 없죠. 반면에 but은 등위접속사이므로 ②-1에서처럼 두 단문을 연결할 수 있습니다. 쉼표는 단지 but 뒤에 단어나 구가 아닌 독립절(단문)이 나온다는 것을 알려주는 것이죠. (〈Writing 절대 매뉴얼-입문편〉 Lesson 5. 세미콜론 참고)

②-1 It is hot in the desert in the day, but in contrast it's very cold at night.

사막은 낮에는 덥지만 그에 반해서 밤에는 매우 춥다.

on the contrary는 강조를 나타내는 in fact와 동의어구

대조contrast를 나타내는 in contrast와 달리 on the contrary는 강조intensification를 나타냅니다. 따라서 in contrast는 however, conversely, on the other hand와 뜻이 비슷하고, on the contrary는 in fact, as a matter of fact와 뜻이 비슷합니다.[2] 그래서 ②-2에 on the contrary를 사용하면 문장이 성립되지 않습니다.

②-2 *It is hot in the desert in the day, but on the contrary it's very cold at night.

on the contrary를 '그와는 반대로'로 해석하면 ②-2가 전혀 이상하게 들리지 않습니다. 그런데 '사실은'이라는 뜻의 in fact(또는 as a matter of fact)를 넣어보면 왜 ②-2에 on the contrary가 사용되면 안 되는지 잘 알 수 있습니다.

②-3 *It is hot in the desert in the day, but in fact it's very cold at night.

반면에 on the contrary는 ①-1과 ③에서 모두 in fact로 대체될 수 있습니다.

③ None of this is to say that Earth's heroes don't matter. On the contrary, Earth is still the crux of Marvel's storytelling. (COCA:2017:MAG)

이 중 어느 것도 지구의 영웅들이 중요하지 않다고 말하는 것은 아니다. 반대로(사실은) 지구는 여전히 마블 이야기에 있어 가장 중요한 부분이다.

두 개의 단문을 등위접속사로 연결하면 중문이 됨

중문을 만드는 두 번째 방법은 등위접속사(FANBOYS = for, and, nor, but, or, yet, so)를 사용하는 것이죠. FANBOYS 중에서 주로 글쓰기에만 나타나는 등위접속사가 하나 있는데, 바로 for입니다. for는 일상 대화에서 절대 등위접속사로 사용되지 않는다고 해도 과언이 아닙니다.

④ No one visits me, for I visit no one. No one is interested in me, for I have no interests.[3]

내가 아무도 찾아가지 않으니 아무도 내게 찾아오지 않는다. 내가 관심이 없으니 아무도 나에게 관심이 없다.

④는 〈The Good Soldier〉라는 소설에 나오는 문구인데 등위접속사 for가 문장에서 스며 나오는 암울한 분위기에 일조합니다. for는 성경책 또는 격식 있는 문체에서만 사용되는 무거운 등위접속사이기 때문이죠.

등위접속사가 '부사+전치사구' 또는 '명사구+how-명사절'을 연결할 수도 있음

등위 접속사는 문법적으로 대등한 요소들을 연결하는 것이 원칙입니다. 그런데 이 원칙이 지켜지지 않는 경우도 있습니다. Williams(2005)는 그런 두 가지 경우에 대해 설명하였는데, 첫째는 ⑤처럼 부사와 전치사구가 연결된 경우이고, 둘째는 ⑥처럼 명사구와 how-명사절이 연결된 경우입니다.[4]

부사+전치사구

⑤ The proposal appears to have been written quickly, carefully, and with the help of many.

그 제안서는 많은 사람들의 도움으로 빠르고 신중하게 작성된 것으로 보인다.

명사구+how-명사절

⑥ We will attempt to delineate the problems of education in developing nations and how coordinated efforts can address them in economical ways.

우리는 개발도상국의 교육 문제와 조직화된 노력이 경제적인 측면에서 그들을 어떻게 다룰 수 있을지에 대해 기술하기 위해 노력할 것이다.

⑤와 ⑥은 중문은 아니지만 영작문에서 중요시하는 대구법 parallelism의 예외이니 꼭 기억해 두어야 합니다.

복문

'전치사+which'는 문어체의 특징

복문은 관계사절(=형용사절)을 포함할 수도 있고 부사절 또는 명사절을 포함할 수도 있습니다. ①-1은 인천국제공항 근처 한 호텔 로비의 바닥에 새겨있는 Martin Buber의 인용 문구인데 문어체에만 나타나는 관계사절을 포함하고 있습니다.

①-1 All journeys have secret destinations of which the traveller is unaware.

모든 여행에는 여행자가 모르는 비밀 목적지가 있다.

'전치사+which'는 격식 있는 문어체에서만 나타나는 특징입니다. 구어체에서는 보통 ①-2처럼 말하죠.

①-2 All journeys have secret destinations (that) the traveller is unaware of.

'전치사+which'는 ②에서처럼 계속적 용법으로도 사용될 수 있고, of which는 격식 있는 문어체에서 ③처럼 whose 대신 사용될 수 있습니다.

② In the case of *often*, the *t* was originally pronounced until about the 17th century, after which it became fashionable to drop it.[5]

often의 경우에, t는 원래 17세기경까지 발음되었고, 그 후에는 그것을 빼는 것이 유행이 되었다.

③ The Sophists did not invent public speaking, accounts of which can be found in earlier Greek literature.[6]

소피스트들은 변론술을 발명하지 않았고 변론술에 관한 설명은 초기 그리스 문학에서 찾을 수 있다.

관계사 whose는 사람과 사물에 모두 사용 가능

③에서는 of which의 선행사가 public speaking이므로 whose가 사용될 수 없다고 생각할 수 있는데, whose는 선행사가 ④처럼 사람일 때는 물론이고 ⑤처럼 사람이 아닐 때에도 사용될 수 있습니다.

④ The goat limped as it walked, and Thor cursed Loki, whose fault it was that his goat was lame.[7]

염소는 걸을 때 절뚝거렸고, 토르는 로키의 잘못으로 자신의 염소가 절름발이가 되었으므로 로키에게 악담을 퍼부었다.

⑤ In the case of *build*, whose past tense and past participle used to be *builded*, the form today is exclusively *built* in all varieties.[8]

build의 경우에 과거와 과거분사로 builded가 사용되었었는데, 오늘 날에는 모든 종류의 영어에 오로지 built만 사용된다.

계속용법으로 사용된 '수량사 + of which/whom'

②~⑤에서 밑줄 쳐진 쉼표는 모두 관계대명사가 계속적 용법으로 사용되었기 때문에 사용된 것입니다. 따라서 ②~⑤는 무종지문run-on sentence이 아닙니다. ⑥-1과 ⑦-1에서도 마찬가지로 쉼표는 계속용법을 나타냅니다. 그런데 ⑥-1과 ⑦-1을 무종지문으로 잘못 생각하는 학생들이 많습니다.

⑥-1 It rests upon certain assumptions, all of which turned out to be wrong in 2016. (COCA:2016:NEWS)

그것은 특정 가정에 달려 있으며, 이 모든 가정들은 2016년에 잘못된 것이라고 밝혀졌다.

⑦-1 I'm also blessed with smart friends, many of whom had built houses in the past several years. (COCA:2004:NEWS)

나는 똑똑한 친구들도 있는 축복을 받았는데, 이 중 많은 이들이 지난 몇 년간 집을 지었다.

학생들이 종종 쉼표 다음에 and를 사용해야 하지 않냐고 질문을 하는데, and를 사용하려면 ⑥-2와 ⑦-2처럼 관계대명사 which와 whom을 모두 them으로 바꾸어야 합니다.

⑥-2 It rests upon certain assumptions, and all of them turned out to be wrong in 2016.

⑦-2 I'm also blessed with smart friends, and many of them had built houses in the past several years.

Just as 부사절과 Just because 명사절

⑧과 ⑨는 각각 격식 있는 문어체에서 주로 볼 수 있는 부사절과 명사절을 포함하고 있는데, 빈칸에 들어갈 공통된 단어는 무엇일까요?

⑧ _____ as religion is a matter of individual conscience, so must the abortion decision be left to each woman. (COCA:2017:ACAD)

종교가 개인의 양심문제인 것처럼, 낙태결정도 각 여성에게 맡겨져야 한다.

⑨ _____ because controversy is important doesn't mean you have to become an attack dog who automatically disagree with everything others say.[9]

논쟁이 중요하다고 해서 남이 말하는 모든 것에 자동적으로 동의하지 않는 싸움꾼이 되라는 것을 의미하지는 않는다.

Just as 부사절 1

정답은 Just입니다. Just as ~, so ~는 두 문장을 비교할 때 자주 사용되는 어구입니다. ⑧에서는 so 다음에 주어와 조동사가 도치되었는데 ⑩처럼 도치를 꼭 할 필요도 없고 ⑪처럼 아예 so를 삭제해도 됩니다.

⑩ Just as the gap between religion and science is much narrower than we commonly think, so the gap between religion and spirituality is much wider.[10]

우리가 일반적으로 생각하는 것보다 종교와 과학의 차이가 훨씬 좁은 것처럼, 종교와 영성의 차이는 훨씬 더 넓다.

⑪ Just as it did in the other states, the township experiment threatened to redistribute power from those who held it to those without. (COCA:2017:ACAD)

다른 주에서도 그랬듯이 그 마을 실험은 권력을 가지고 있는 사람들로부터 그렇지 않은 사람들에게 권력을 재분배하겠다고 위협했다.

Just as 부사절 2

그리고 so 대신 ⑫처럼 so too, 또는 ⑬처럼 also가 사용되기 합니다.

⑫ Just as the New England town structured the daily social and political lives of residents, so too did the plantation structure the daily social and political lives of both black and white southerners within its orbit. (COCA:2017:ACAD)

뉴잉글랜드 도시가 거주자들의 일상생활과 정치적 삶을 조직한 것처럼, 플랜테이션도 그 영향권에 있는 흑인과 백인 남부인 모두의 일상생활과 정치적 삶에 영향을 미쳤다.

⑬ Just as context matters in determining what qualities are most critical in particular leadership settings, context also affects the leadership styles that are most likely to be effective. (COCA:2017:ACAD)

특정한 리더십 환경에서 어떤 자질이 가장 중요한지를 결정하는데 맥락이 중요한 것처럼, 맥락은 가장 효과적일 가능성이 높은 리더십 유형에도 영향을 미친다.

just because 부사절

because는 원래 부사절을 이끄는 종속접속사입니다. 그런데 ⑨에서처럼 Just와 함께 사용되면 명사절을 이끄는 종속접속사로 사용될 수 있습니다. 물론 just because는 ⑭와 ⑮에서처럼 부사절을 이끌 수도 있습니다.

⑭ We're not going to do something just because we can. (COCA:2017:ACAD)

우리는 단지 할 수 있다고 해서 무언가를 하지는 않을 것이다.

⑮ Just because a student enrolls in an AP course, there is no technical requirement to actually sign up for the associated AP exam. (COCA:2015:ACAD)

학생이 AP과정에 등록한다고 해서 실제로 관련된 AP시험에 등록해야 한다는 기술적 요건은 없다.

now (that) = 종속접속사 because

그럼 ⑯에서 now는 어떤 품사로 사용되었을까요? '지금'이라는 뜻의 부사로 사용되었다면 뒤에 나오는 that절이 해석이 되지 않습니다.

⑯ It's unclear how Prime Minister Theresa May's Conservative party will govern now that it has lost its majority in the House of Commons. (COCA:2017:MAG)

테레사 메이 총리의 보수당이 하원에서 과반수를 잃었으므로 어떻게 통치할 것인지 불분명하다.

now는 '이제 ~이므로(= because something has happened)'의 뜻을 가진 종속접속사로 사용될 수 있습니다.[11] 주로 ⑯과 ⑰에서처럼 now that의 형태로 사용되는데 that은 생략이 가능합니다.

⑰ Now that Harvey has hit Texas, they suddenly realize the importance of federal assistance. (COCA:2017:NEWS)

태풍 하비가 텍사스를 강타하자 그들은 갑자기 연방정부 지원의 중요성을 깨달았다.

1. on the contrary는 강조를 나타내는 in fact와 동의어구이다.

   e.g. If they sound hopeless, they're not; on the contrary, (= in fact) they see progress.

2. 두 개의 단문은 세미콜론(;) 또는 등위접속사(FANBOYS)로 연결하여 중문으로 만들 수 있다.

   e.g. No one is interested in me, for I have no interests.

3. 계속용법으로 사용된 '수량사+of which/whom'는 무종지문이 아니다.

   e.g. I'm also blessed with smart friends, many of whom had built houses in the past several years.

4. Just as ~, so ~는 두 문장을 비교할 때 사용된다.

   e.g. Just as the gap between religion and science is much narrower than we commonly think, so the gap between religion and spirituality is much wider.

5. just because는 명사절 또는 부사절을 이끌 수 있다.

   e.g. ⓐ Just because controversy is important (명사절) doesn't mean you have to become an attack dog.

   ⓑ We're not going to do something just because we can. (부사절)

6. now (that)은 종속접속사 because의 뜻으로 사용될 수 있다.

   e.g. Now that Harvey has hit Texas, they suddenly realize the importance of federal assistance.

Lesson 8 to부정사와 분사구문

To-infinitives & Participial phrases

Q 다음 세 문장 중에서 가장 정상적인 문장은 무엇일까요?

ⓐ Life is too precious to waste.
ⓑ Life is too precious to be wasted.
ⓒ Life is excessively precious to waste.

A 정답은 ⓐ입니다. ⓐ에서 Life는 to waste의 의미상 목적어이므로 비문같이 보이지만, 이런 문장이 'too ~ to용법'에서는 가능합니다. ⓑ는 문법적으로는 맞지만 수동태가 불필요하게 사용되었으므로 어색한 문장입니다. 이런 오류는 영어 상급자가 자주 범합니다. 'too ~ to용법'을 처음 배웠을 때는 아무 생각 없이 ⓐ와 같은 문장을 외워서 사용하다가 나중에 Life가 to waste의 의미상 목적어라는 것을 깨닫고 ⓑ와 같은 문장을 잘못 쓰는 것이죠. 반면에 excessively는 too와 비슷한 의미를 가지고 있지만 동일한 용법으로 사용될 수 없으므로 ⓒ는 비문입니다.

to부정사

to부정사는 형용사와 동사를 이어줄 수 있음

문장을 길게 만드는 방법은 크게 두 가지가 있습니다. 첫째는 접속사나 관계사를 사용하여 단문을 중문 또는 복문으로 만드는 것이고, 둘째는 to부정사 또는 분사구문을 사용하여 복잡한 단문을 만드는 것입니다. to부정사는 두 개의 동사를 이어주기도 하고 ①-1과 ②-1에서처럼 형용사와 동사를 이어주기도 합니다.

①-1 This door is unlikely to open. 이 문은 열릴 것 같지 않아.

②-1 This door is difficult to open. 이 문은 열기 어려워.

①-1과 ②-1에는 공통점과 차이점이 하나씩 있습니다. 공통점은 둘 다 모두 to open을 삭제하면 문장이 성립하지 않는다는 것이죠.

①-2 *This door is unlikely.

②-2 *This door is difficult.

문장의 주어가 to부정사의 주어 또는 목적어가 될 수 있음

다시 말하면 This door가 unlikely와 difficult의 주어가 아니라는 것입니다. ①-1과 ②-1의 This door는 모두 to open과 관계가 있습니다. 그런데 ①-1에서는 This door가 open의 주어이고 ②-1에서는 open의 목적어입니다. 이 차이점은 두 문장을 모두 It으로 시작하는 문장으로 바꾸면 잘 드러납니다.

①-3 It is unlikely that this door will open.
open의 주어

②-3 It is difficult to open this door.
open의 목적어

unlikely, likely, certain과 같이 '확실의 정도degree of certainty'를 나타내는 형용사는 ①-3처럼 사용될 수 있고, difficult, easy, hard, tough 등과 같이 '쉬움/어려움ease or difficulty'을 나타내는 형용사는 ②-3처럼 사용될 수 있습니다.[12]

문장의 주어 = to부정사의 목적어 1

의미의 관점에서 보면 ②-1에서처럼 문장의 주어가 to부정사의 목적어로 해석되는 것이 더 특이하죠. 그런데 사실 이렇게 사용될 수 있는 것이 꽤 많이 있습니다. 우선, good, bad, ready, pretty 등과 같이 '쉬움/어려움'과는 관계없는 형용사가 ③처럼 사용될 수도 있습니다.

③ The jam tarts are ready to eat.[13] 잼 타르트를 먹어도 됩니다.

문장의 주어 = to부정사의 목적어 2

두 번째는 too ~ to 용법입니다. ④-1에서처럼 too가 사용되면 주어인 My coffee가 to drink의 목적어로 해석되지만 too의 동의어인 excessively는 같은 용법으로 사용될 수 없습니다.

④-1 My coffee is too/*excessively hot to drink.[14]

내 커피는 마시기에는 너무 뜨겁다.

물론 ④-2처럼 수동태를 사용해도 문법적으로 틀리지는 않지만 불필요하게 문장이 길어지므로 이런 문장은 바람직하지 않죠.

④-2 ?My coffee is too hot to be drunk.

?내 커피는 마셔지기에는 너무 뜨겁다.

문장의 주어 = to부정사의 목적어 3

문장의 주어가 to부정사의 목적어로 해석되는 세 번째 경우는 ⑤-1에서처럼 to부정사가 동사 require(또는 need, take, cost)와 함께 사용된 경우입니다.

⑤-1 The templates often require a great deal of practice and instruction to use successfully.[15]

견본들을 성공적으로 사용하기 위해서는 많은 연습과 지도가 필요하다.

④-2와 마찬가지로 ⑤-1에 수동태를 사용하면 어색한 문장이 됩니다.

⑤-2 ?The templates often require a great deal of practice and instruction to be used successfully.

?견본들이 성공적으로 사용되어지기 위해서는 많은 연습과 지도를 필요로 한다.

분사구문

분사구문으로 문장 간결하게 하기

분사구문은 영작문에 자주 사용되는 문법구조입니다. 분사구문을 사용하면 문장이 간결해지기 때문이죠. 다음 문장의 밑줄 친 부사절을 분사구문으로 바꾸어 보겠습니다.

①-1 Because he was tired from working all day, Jaden went to bed early.

하루 종일 일하느라 피곤했기 때문에 제이든은 일찍 잠자리에 들었다.

우선 종속접속사 Because와 주어 he는 생략합니다. 그리고 동사도 be동사이므로 생략이 가능합니다. 그렇게 만들어진 ①-2가 가장 간결하고 무난한 문장입니다.

①-2 Tired from working all day, Jaden went to bed early.

그런데 학생들은 보통 ①-3과 같이 동사를 Being으로 바꾸는 경우가 많습니다. 만약 동사가 Be동사가 아닌 일반 동사였다면 -ing형으로 꼭 바꾸어야 하지만 Be동사는 그럴 필요가 없습니다.

①-3 Being tired from working all day, Jaden went to bed early.

미래를 나타낼 때는 과거분사 앞에 being 추가

물론 ①-3이 문법적으로 틀린 것은 아니지만 ①-2보다 간결하지 않고, 과거분사의 진행형은 원인 또는 이유를 강조하기 전에는 꼭 사용할 필요가 없습니다.[16] 반면에 미래 상황에는 ②-1에서처럼 being을 써주는 것이 좋습니다.

②-1 The lecture being given tomorrow will be very interesting.[17]

내일 진행되는 강의는 매우 재미있을 것이다.

②-2도 문법적으로 가능은 하지만 과거분사는 기본적으로 이미 완료된 상태를 나타내기 때문에 좀 어색하게 들릴 수 있습니다.

②-2 ?The lecture given tomorrow will be very interesting.

문두의 분사구문은 꼭 주어를 수식

영작문에서 분사구문을 사용할 때 가장 조심해야 할 것은 ③-1과 같은 현수 수식어 dangling modifier입니다. (〈Writing 절대 매뉴얼-입문편〉 Lesson 11: 현수 수식어 참고)

③-1 *Torn and bent beyond recognition, I received my mother's letter.[18]

*알아볼 수 없을 정도로 찢어지고 구겨진 내가 어머니의 편지를 받았다.

문두의 분사구문은 항상 주어를 수식해야 하므로 ③-1에서 Torn and bent beyond recognition이 수식하는 것은 I입니다. 하지만 의미상으로 분사구문이 수식하는 것은 my mother's letter이므로 ③-2와 같이 수정되어야 합니다.

③-2 Torn and bent beyond recognition, my mother's letter arrived yesterday.

알아볼 수 없을 정도로 찢어지고 구겨진 어머니의 편지가 어제 도착했다.

영작문에서 허용되는 현수 수식어 1

④-1과 ⑤-1은 Harari의 〈Sapiens: A Brief History of Humankind〉의 후속작 〈Homo Deus: A Brief History of Tomorrow〉에서 발췌한 문장입니다. 모두 분사구문으로 시작하는데 ④-1에서는 분사구문이 주어를 꾸며주지만 ⑤-1에서는 그렇지 않습니다.

④-1 Based on the conclusions of this first part, the second part of the book examines the bizarre world Homo sapiens has created in the last millennia, and the path that took us to our present crossroads.[19]

이 첫 번째 부분의 결론을 바탕으로, 이 책의 두 번째 부분에서는 지난 수천 년 동안 호모 사피엔스가 창조한 기이한 세계와 현재의 교차로로 이어지는 길을 살펴본다.

⑤-1 Based on these insights he [Karl Marx] predicted an increasingly violent conflict between the proletariat and the capitalists, ending with the inevitable victory of the former and the collapse of the capitalist system.[20]

이러한 통찰을 바탕으로 그는 [칼 마르크스] 프롤레타리아와 자본가 사이의 갈수록 격렬해지는 충돌을 예상했고, 이 충돌은 전자의 필연적인 승리와 자본주의 체제의 붕괴로 끝날 것이라고 예상했다.

두 분사구문의 차이점은 각각의 분사구문과 주어를 이용해 다음과 같이 문장을 만들어 보면 알 수 있습니다. ④-2와 달리 ⑤-2는 말이 되지 않죠.

④-2 The second part of the book is based on the conclusions of this first part.

이 책의 두 번째 부분은 첫 번째 부분의 결론에 근거하고 있다.

⑤-2 *He is based on these insights.

*그는 이러한 통찰력에 기반을 두고 있다.

영작문에서 허용되는 현수 수식어 2

그럼 왜 ⑤-1에서는 현수 수식어가 사용되었을까요? 그 이유는 바로 영작문에서 허용되는 현수 수식어도 있기 때문입니다.[21] 이런 현수 수식어의 의미상 주어는 불특정인을 가리키는 we 또는 you로 해석되고 ⑥과 ⑦에서처럼 주로 현재분사 또는 to부정사로 시작합니다.

⑥ Judging from his biography, it was a sufficient miracle that he could concentrate at all. (COCA:2007:ACAD)

그의 전기로 미루어 볼 때, 그가 집중할 수 있었던 것조차 충분한 기적이었다.

⑦ To put it another way, counselling leads to happier, more positive and secure employees. (COCA:2014:ACAD)

다른 말로 하자면, 상담은 더 행복하고, 긍정적이며 안정감 있는 직원으로 이어진다.

과거분사로 시작하는 현수 수식어는 ⑤-1과 ⑧에서처럼 Based on만 가능합니다.[22]

⑧ Based on the reported disposition rates, it normally took about a year for a case to work its way through the City Court. (COCA:2017:ACAD)

보고된 처리 비율에 따르면, 한 사건이 시 법원을 통과하는데 보통 약1년이 걸렸다.

이것만은 확실히!

1. 형용사의 뜻에 따라 문장의 주어가 to부정사의 주어 또는 목적어로 해석된다.

e.g. ⓐ This door is unlikely to open.
(This door: to open의 주어)
ⓑ This door is difficult to open.
(This door: to open의 목적어)

2. too ~ to 용법 또는 동사 require가 사용된 문장에서는 문장의 주어가 to부정사의 목적어로 해석된다.

e.g. ⓐ My coffee is too hot to drink.
ⓑ The templates require a great deal of practice to use successfully.

3. 분사구문을 만들 때 be동사는 주로 삭제하고 미래를 나타낼 때는 과거분사 앞에 being을 추가한다.

e.g. The lecture being given tomorrow will be very interesting.

4. 의미상 주어가 불특정인을 가리키는 we 또는 you로 해석되거나 Based on으로 시작하는 현수 수식어는 작문에서 허용된다.

e.g. ⓐ To put it another way, counselling leads to happier, more positive and secure employees.
ⓑ Based on the reported disposition rates, it normally took about a year for a case to work its way through the City Court.

Lesson 9 문미 수식어구
Sentence-final modifiers

Q 다음 두 문장 중 '내가 자전거를 타다가 실수로 그 소녀를 쳤다'의 뜻을 가진 문장은 무엇일까요?

ⓐ I accidentally hit the girl riding a bicycle.
ⓑ I accidentally hit the girl, riding a bicycle.

A 정답은 ⓑ입니다. ⓐ에서는 riding a bicycle이 the girl을 꾸며주므로 ⓐ의 뜻은 '내가 실수로 자전거를 타고 있는 소녀를 쳤다'가 됩니다. 반면에 ⓑ에서는 riding a bicycle 앞에 쉼표가 있으므로 이 분사구문은 주어를 꾸며줍니다.

A 문미 분사구문

문두로 옮길 수 있는 문미 분사구문 = 자유 수식어

문두에 오는 분사구문은 항상 주어를 꾸며줍니다. 그럼 ①-1에서처럼 문미에 오는 분사구문은 무엇을 꾸며줄까요?

①-1 The Clinton campaign expressed its frustration with the FBI's handling of the latest development, criticizing the way in which the news was disseminated.[23]

클린턴 선거본부는 뉴스가 유포된 방식을 비판하면서 FBI의 이번 사태 처리에 대한 불만을 표했다.

앞에 쉼표가 없는 문미 분사구문은 바로 앞의 명사를 꾸며줍니다. 하지만 앞에 쉼표가 있는 문미 분사구문은 기본적으로 주어를 꾸며줍니다. 따라서 ①-1은 ①-2와 동일한 뜻을 가지고 있습니다.

①-2 Criticizing the way in which the news was disseminated, the Clinton campaign expressed its frustration with the FBI's handling of the latest development.

자유 수식어는 형용사로 시작할 수도 있음

이렇게 문미와 문두로 자유롭게 옮겨질 수 있는 수식어를 '자유 수식어 free modifier'라고 합니다.[24] 자유 수식어는 ②에서처럼 형용사로 시작할 수도 있습니다.

② In 1939, we began to assist the British against Germany, aware that we faced another world war.[25]

1939년에 우리는 또 다른 세계대전에 직면했다는 것을 깨닫고 독일에 대항하여 영국을 돕기 시작했다.

③은 〈Homo Deus: A Brief History of Tomorrow〉의 세 번째 쪽에 적혀 있는 저자 소개 내용에서 발췌한 문장입니다. 이 문장의 분사구문도 문두로 옮길 수 있습니다.

③ Dr Yuval Noah Harari has a PhD in History from the University of Oxford and now lectures at the Hebrew University of Jerusalem, specializing in World History.

세계사 전문가인 Yuval Noah Harari 박사는 옥스포드 대학에서 역사학 박사학위를 받았고, 현재는 예루살렘 히브리 대학에서 강의를 한다.

대명사로 인해 문두로 옮길 수 없는 문미 분사구문

그런데 문미 분사구문을 항상 문두로 옮길 수 있는 것은 아닙니다. ④에서 분사구문을 문두로 옮기면 their가 지칭하는 대상(Apple and Microsoft)이 불분명해지겠죠.

④ Instead, the Chinese have earned billions of dollars from cooperating with hi-tech giants such as Apple and Microsoft, buying their software and manufacturing their products.[26]

대신에 중국은 애플이나 마이크로소프트와 같은 거대 첨단기술 기업의 소프트웨어를 구입하거나 그들의 제품을 생산하는 협력을 통해 수십억 달러를 벌었다.

결과를 나타내는 문미 분사구문도 문두로 옮길 수 없음

그리고 문맥상 분사구문이 꼭 문미에 위치해야 하는 경우도 있습니다. ⑤-1에서는 분사구문이 문두에 오면 뜻이 달라집니다.

⑤-1 The pilots ejected from the burning plane, landing in the water not far from the ship.[27]

조종사들은 불타는 비행기에서 탈출했고, 배로부터 멀리 떨어지지 않은 물에 떨어졌다.

⑤-1은 조종사들이 비행기에서 탈출을 했고 '그 결과' 물에 떨어졌다는 뜻입니다. 그런데 ⑤-2처럼 분사구문을 문두로 옮기면 분사구문의 뜻은 '물에 떨어졌기 때문에' 또는 '물에 떨어지면서'라는 뜻이 됩니다. 뜻이 이상한 문장이 되어 버리죠.

⑤-2 *Landing in the water not far from the ship, the pilots ejected from the burning plane

= a. Because they landed in the water ...

b. While they were landing in the water ...

마찬가지로 ⑥의 분사구문도 문두로 옮기면 뜻이 바뀌어서 이상한 문장이 되어 버립니다.

⑥ Political reasons often exclude a native language, making English a logical alternative choice.[28]

정치적인 이유는 종종 모국어를 배제하고, 그 결과 영어를 논리적인 대안으로 만든다.

이렇게 문두로 옮길 수 없는 문미 분사구문은 ⑦과 ⑧에서처럼 '결과(result)'와 관련된 문장이 분사구문으로 바뀐 것이라고 볼 수 있습니다.

⑦ A current is sent through the material. As a result, the electrons are polarized.

전류는 그 물질을 통해 보내진다. 결과적으로 그 전자는 분극화된다.

⇩

A current is sent through the material, polarizing the electrons.[29]

⑧ A snowstorm covered the motorway. The result was that dozens of drivers were trapped in their cars.

눈보라가 고속도로를 덮었다. 그 결과 수십 명의 운전자가 차에 갇혔다.

⇩

A snowstorm covered the motorway, trapping dozens of drivers in their cars.[30]

계속적용법 which

계속적용법 which는 다양한 형태의 선행사를 취함

관계대명사 which가 계속적non-restrictive용법으로 사용되었을 때는 선행사가 단어, 구, 또는 주절 전체가 될 수 있습니다. 심지어 대화에서는 ①처럼 A의 문장을 B가 which의 선행사로 사용하는 경우도 있습니다.

① A: The one going out, it gets in at 7 in the morning.

나가는 거, 그건 아침 7시에 도착해.

B: Which is fine, isn't it?[31]

그래도 괜찮잖아, 아닌가?

그러므로 ②-1과 ③-1은 문법적으로는 전혀 문제가 없습니다. ②-1에서는 which가 주절 전체를 선행사로 받고 ③-1에서는 refurbishing his kitchen을 선행사로 받고 있죠.

②-1 The most common criterion of difference between accents is region, which has been commented on since the time of Chaucer.

억양의 차이에 대한 가장 일반적인 기준은 지역인데, 이것은 초서 시대부터 언급되어 온 것이다.

③-1 Sforza charged the young man with refurbishing his kitchen, which would consume the life of Leonardo and the entire Sforza court.

스포르차는 젊은이(레오나르도)에게 그의 부엌을 고치는 것을 맡겼는데, 이것은 레오나르도의 삶과 전체 스포르차 코트를 소모하는 일이었다.

새로운 명사를 추가해서 which의 선행사를 명확하게 하기

하지만 학술적 글쓰기에서는 모든 대명사의 선행사가 확실한 것이 좋습니다. 따라서 다음과 같이 관계대명사 앞에 a fact와 a task를 각각 추가하는 것이 좋습니다.

②-2 The most common criterion of difference between accents is region, a fact that has been commented on since the time of Chaucer.[32]

억양의 차이에 대한 가장 일반적인 기준은 지역인데, 이 사실은 초서 시대부터 언급되어 온 것이다.

③-2 Sforza charged the young man with refurbishing his kitchen, a task which would consume the life of Leonardo and the entire Sforza court.[33]

스포르차는 젊은이(레오나르도)에게 그의 부엌을 고치는 것을 맡겼는데, 이 과업은 레오나르도의 삶과 전체 스포르차 코트를 소모하는 일이었다.

명확한 선행사를 추가하면 더 이상 계속용법이 아니므로 ②-2에서처럼 which를 that으로 바꿀 수 있습니다.

주절의 명사를 반복해서 which의 선행사를 명확하게 하기

which의 선행사를 명확하게 할 때는 ②와 ③처럼 새로운 단어를 추가할 수도 있고 ④처럼 주절에 있는 명사를 반복할 수도 있습니다.

④ When we discovered the earth was not the center of the universe, it changed our understanding of who we are, an understanding (which was) changed again by Darwin, again by Freud, and again by Einstein.[34]

지구가 우주의 중심이 아니라는 것을 발견했을 때 이것은 우리가 누구인지에 대한 이해를 변화시켰는데 이 이해는 다윈, 프로이트 그리고 아인슈타인에 의해서 계속 바뀌었다.

주절의 형용사와 동사 반복하기

Williams(2005)에 의하면 주절에 있는 단어를 반복할 때는 ⑤에서처럼 형용사를 반복할 수도 있고, ⑥에서처럼 동사를 반복할 수도 있습니다.

⑤ It was American writers who found a voice that was both true and lyrical, true to the rhythms of the working man's speech and lyrical in its celebration of his labor.[35]

참되고 서정적인 목소리를 발견한 것은 미국 작가들이었는데, 노동자의 연설 리듬에 충실하고 그의 노동에 대한 찬사로 서정적인 목소리였다.

⑥ All who value independence should resist the trivialization of government regulation, resist its obsession with administrative tidiness and compulsion to arrange things not for our convenience but for theirs.[96]

독립을 중요시하는 모든 사람은 정부규제의 경미화에 저항해야 하는데, 이는 우리가 아닌 그들의 편의를 위해 일을 처리하는 충동과 행정적인 깔끔함의 집착에 대한 저항이다.

⑥과 같이 동사가 반복되었을 때는 비문처럼 보일 수도 있지만 비문이 아닙니다. 주의해야 할 것은, 형용사나 동사를 반복할 때는 관계대명사를 사용하지 않는다는 것입니다.[37]

1. 문두로 옮길 수 있는 문미 분사구문은 자유 수식어라고 한다.

   e.g. The Clinton campaign expressed its frustration with the FBI's handling of the latest development, criticizing the way in which the news was disseminated.

2. 결과를 나타내는 문미 분사구문은 문두로 옮길 수 없다.

   e.g. Political reasons often exclude a native language, making English a logical alternative choice.

3. 계속적용법 which의 선행사는 불명확하므로 which 앞에 명사를 추가하여 선행사를 명확하게 한다.

   e.g. Sforza charged the young man with refurbishing his kitchen, a task which would consume the life of Leonardo and the entire Sforza court.

Lesson 10 어순과 정보구조

Word order & Information structuring

Q 다음 문장은 두 가지의 뜻으로 해석이 가능합니다. 어떻게 수정해야 문장의 중의성(重義性, ambiguity)을 해소할 수 있을까요?

> Have students talk about other things that the given vegetables have in common with their partners.

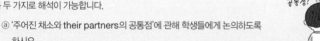

A 위 문장은 한 중학교 영어 선생님께서 학습지도안lesson plan에 쓰신 문장인데 다음 두 가지로 해석이 가능합니다.

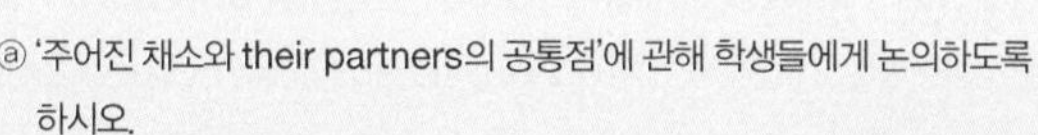

ⓐ '주어진 채소와 their partners의 공통점'에 관해 학생들에게 논의하도록 하시오.

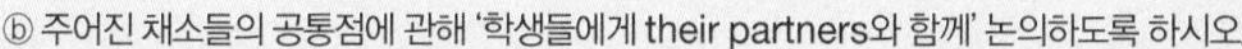

ⓑ 주어진 채소들의 공통점에 관해 '학생들에게 their partners와 함께' 논의하도록 하시오.

물론 선생님께서 의도하신 의미는 ⓑ겠죠. 위 문장이 ⓑ로만 읽히려면 다음과 같이 수정되어야 합니다.

Have students talk <u>with their partners</u> about other things that the given vegetables have in common.

어순변화

Free Wi-Fi와 Alcohol Free

영어는 어순이 변하면 뜻이 변하는 경우가 많습니다. 굴절접미사inflectional suffix가 많지 않기 때문입니다. ①은 학회 참석차 방문했던 대구의 한 호텔에서 본 사인인데 잘못된 어순으로 인해 free의 뜻이 바뀌었습니다.

① Wireless <u>Free</u> Zone 무선 인터넷이 <u>없는</u> 지역

②는 무알코올 Heineken 맥주 캔에 적혀있는 문구입니다.

② Alcohol Free Beer with Natural Flavourings

천연 향료가 함유된 무알코올 맥주

이렇게 free가 명사 뒤에 사용되면 그 명사가 없다는 뜻이 됩니다. '무료의'의 뜻으로 사용되려면 free가 명사 앞에 와야겠죠. (보통은 Free Wi-Fi Zone이라는 표현을 사용합니다.)

의미와 관계없는 어순 변화

물론 어순이 변해도 기본적인 의미가 변하지 않는 경우도 많습니다. ③은 미국인 교수님 한 분이 이메일에 사용한 문장인데 am과 already가 도치되어 있습니다.

③ I already am beginning to feel the responsibility that weighs on the shoulders of the president of an organization.

저는 이미 한 조직의 대표로서 막중한 책임을 느끼고 있습니다.

문미비중의 원리를 따른 문장

문장의 뜻은 변하지 않았지만 ③을 읽을 때는 am에 강세를 주고 읽어야 합니다. ④는 또 다른 미국인 교수님의 이메일에서 발췌한 문장인데 to me가 동사와 목적어의 사이에 위치해 있습니다.

목적어

④ A few days before, could you get to me the syllabus, materials for that class, and a statement of goals for the class?

며칠 전에, 그 수업의 강의계획서, 수업자료와 강의목표를 제게 보내주시겠어요?

to me가 동사와 목적어 사이에 있는 이유는 목적어를 문미로 옮겼기 때문입니다. 목적어를 문미로 옮긴 이유는 목적어가 무겁기(길기) 때문입니다. 긴 목적어를 문미로 옮긴 이유는 '문미비중의 원리(principle of end weight)'를 따르기 위해서입니다.[38] 마찬가지로 ⑤에서 주어가 문미에 위치한 이유도 문미비중의 원리를 따르기 위해서입니다.

주어

⑤ At stake is an unprecedented opportunity to promote international peace and security in a world guided by the beacon of morality. (COCA:1995:ACAD)

도덕의 불빛이 이끄는 세계안보와 국제평화 증진을 위한 전례 없는 기회가 걸려있다.

문미비중의 원리를 따르지 않은 문장

그럼 ⑥-1에서 gave의 목적어인 밑줄 친 부분이 문미로 옮겨진 이유는 무엇일까요?

⑥-1 Pyongyang gave as its reason for developing a nuclear capability and for staying away from the six-party talks Washington's refusal to alter its hostile policy to the North.[39]

평양은 핵 능력을 개발하고 6자회담에 불참하는 이유로 미국의 북한에 대한 적대적인 정책 수정의 거부를 들었다.

밑줄 친 부분이 길기는 하지만 as its reason for로 시작하는 부분이 더 길기 때문에 오히려 ⑥-2가 문미비중의 원리를 따르는 문장이 되겠죠.

⑥-2 Pyongyang gave Washington's refusal to alter its hostile policy to the North as its reason for developing a nuclear capability and for staying away from the six-party talks.

중요한 정보는 문미에 배치

하지만 무조건 길다고 문미에 오는 것이 좋은 것은 아닙니다. 문장에서 강조가 되는 부분은 기본적으로 문미입니다. 그래서 중요한 정보는 문미에 두는 것이 좋습니다. ⑥에서 가장 중요한 정보는 밑줄 친 어구가 담고 있으므로 ⑥-1에서처럼 이 어구가 문미에 오는 것이 좋습니다. 마찬가지로 ⑦과 같은 복문에서도 주절이 문미에 오는 것이 좋습니다.[40]

⑦ Although the American Revolution began around the same time as the British Industrial Revolution and was prior to the French Bourgeois Revolution, <u>the founders of the United States of America still drew from the works of European political philosophers at that time</u>.

(COCA:2017:ACAD)

비록 미국혁명이 영국 산업혁명과 거의 같은 시기에 시작되었고 프랑스 부르주아 혁명 이전이었지만, 미국의 창시자들은 여전히 그 당시 유럽 정치철학자들의 작품을 인용하였다.

⑦에서처럼 '부사절(또는 부사구)+주절'의 순서로 된 문장은 '도미문(掉尾文, periodic sentence)', 반대로 '주절+부사절(또는 부사구, 형용사절, 다른 독립절 등)'의 순서로 된 문장은 '산열문(散列文, loose sentence)이라고 합니다. 기본적으로 산열문은 느긋하고 편안한 느낌을 줄 때 사용하고 도미문은 긴장감을 주며 강조를 할 때 사용합니다.[41]

문미를 무겁고 우아하게 만들기

문미는 강조가 되는 곳이므로 문장은 가능한 무거운 것으로 끝내는 것이 좋습니다. ⑧의 마지막에 a category of the world가 사용된 것도 문장을 무거운 것으로 끝내기 위해서입니다.

⑧ It is important to keep in mind that a grammatical category is <u>a linguistic, not a real-world category</u>, and that there is not always a one-to-one correspondence between the two, though they are usually closely related. For example, "tense" is <u>a linguistic category</u>, while "time" is <u>a category of the world</u>.[42]

문법적 범주는 실제 범주가 아닌 언어적 범주이며, 일반적으로 그들은 밀접하게 관련되어 있지만 둘 사이에 항상 일대일 대응이 있는 것은 아니라는 점을 명심해야 한다. 예를 들면, '시제'는 언어적 범주인 반면, '시간'은 실제 범주이다.

a category of the world보다 간결한 a real-world category로 문장을 끝낼 수도 있지만 무거운 어구를 사용하여 문장의 우아함elegance을 살린 것입니다. (〈Writing 절대 매뉴얼-입문편〉 Lesson 8. 교차 배열법 참고)

정보구조

주어진 정보를 새로운 정보 앞에 두기

①-1은 문법적으로는 문제가 없지만 이런 문장이 실제 대화에서 사용되지는 않습니다. '선호 논항 구조Preferred Argument Structure'에 맞지 않기 때문입니다.[43]

①-1 John loves Mary. 존은 메리를 사랑해.

선호 논항 구조에 따르면 타동사의 주어로는 ①-2에서처럼 대명사가 사용되는 것이 좋습니다.[44] ①-1은 좀 엉뚱하지만 ①-2는 자연스럽게 들리죠.

①-2 <u>You</u>(대명사) know John, right? <u>He</u>(대명사) loves Mary. 너 존 알지? 걔 메리 사랑해.

정보구조에서 가장 중요한 원칙 중 하나는 이미 주어진(given) 정보를 새로운(new) 정보 앞에 두는 '구정보-신정보 배열 원칙given-before-new principle'입니다.[45] ①-2가 자연스럽게 들리는 이유도 구정보-신정보 배열 원칙을 따르기 때문입니다.

①-3 <u>You</u>(구정보) know <u>John</u>(신정보), right? <u>He</u>(구정보) loves <u>Mary</u>(신정보).

비지칭 there를 사용해 신정보 문미로 보내기

문장에서 기본적으로 문미가 강조되는 이유도 새로운 정보가 문미에 나오기 때문입니다. 그래서 되도록 새로운 정보는 문미로 보내는 것이 좋습니다. 새로운 정보를 문미로 보내는 방법은 여러 가지가 있습니다. 그중 하나는 ②-1에서처럼 비지칭nonreferential there를 사용하는 것입니다.

구정보

신정보

②-1 There are three principles that guide both our evaluation of the literature and the specification of our models. (COCA:2017:ACAD)

문헌에 대한 우리의 평가와 우리 모델의 사양을 모두 좌우하는 세 가지 원칙이 있다.

작문에서는 비지칭 there를 사용하지 않는 것이 좋다고 주장하는 전문가들이 종종 있습니다.[46] 비지칭 there를 사용하지 않으면 ②-2처럼 좀 더 간결한 문장이 되기 때문이죠.

신정보

신정보

②-2 Three principles guide both our evaluation of the literature and the specification of our models.

세 가지 원칙이 문헌에 대한 우리의 평가와 우리 모델의 사양을 모두 좌우한다.

②-2는 문장이 간결하다는 장점이 있지만 구정보-신정보 배열 원칙을 위반하는 단점이 있습니다. 특히 문단의 첫 부분에서 특정 개념을 소개할 때는 ②-1처럼 비지칭 there를 사용하는 것이 좋습니다.[47]

비지칭 there와 도치된 부사 there의 차이점

가끔 비지칭 there 문장과 ③과 같은 도치구문을 혼동하는 학생들이 있는데, ②-1에서 주어는 비지칭 there인 반면 ③의 주어는 동사 다음에 오는 명사구입니다. (②-1에서 three principles는 의미상 주어입니다.) 도치된 부사 there의 또 다른 특징은 강세가 있다는 것입니다.

③ THERE is the little boy who looks after the sheep.[48]

양을 돌보는 어린 소년이 저기 있다.

문두에 위치한 There가 문법상 주어인지 아닌지는 부가의문문을 추가해 보면 알 수 있습니다. 비인칭 there 문장에는 부가의문문을 추가할 수 있지만 ③에는 isn't there?라는 부가의문문을 추가할 수 없습니다.[49]

수동태를 사용해 신정보를 문미로 보내기

비인칭 there를 사용하는 것 외에 신정보를 문미로 보내는 또 하나의 방법은 ④-1의 마지막 문장에서처럼 수동태를 사용하는 것입니다.

④-1 We have examined a class of bare DP adjuncts in English and have provided an updated analysis building on Larson's (1985) original proposal. Crucially, we have adopted Larson's idea that nouns such as place are lexically marked as containing a special feature that allows them to exist in certain environments without a preposition, but we have argued that this feature is not Case, as Larson proposed, but a θ-role. This change was motivated by certain empirical and conceptual shortcomings in Larson's analysis that the current approach remedies.[50]

구정보

신정보

우리는 영어 bare DP adjunct의 한 부류에 대해서 조사했고, Larson의 원래 제안에 기초를 둔 최신 분석을 제공했다. 결정적으로, 우리는 place와 같은 명사들은 특정 환경에서 전치사 없이 존재할 수 있는 특별한 특징을 포함한다는 것이 어휘적으로 표시된다는 Larson의 주장을 택했지만, 우리는 이 특징이 Larson이 제시한 격(Case)이 아니라 의미역(θ-role)이라고 주장한다. 이 변화는 현재의 접근법이 바로잡은 Larson의 분석에 나타난 특정한 실증적 그리고 개념적 한계에 의해 유발되었다.

능동태와 수동태의 장단점

이 단락의 마지막 문장에는 수동태가 사용되었는데, 우선 주목해야 할 점은 by 전치사구를 포함하고 있다는 것입니다. by 전치사구는 수동태가 사용된 문장에서 15~20% 정도만 나타납니다.[51] 수동태는 주로 주어가 불분명하거나, 너무 당연할 때, 또는 주어를 숨기고 싶을 때 사용되기 때문이죠. ④-1의 마지막 문장을 능동태로 바꾸면 다음과 같습니다.

신정보

구정보

④-2 Certain empirical and conceptual shortcomings in Larson's analysis that the current approach remedies motivated this change.

현재의 접근법이 바로잡은 Larson의 분석에 나타난 특정한 실증적 그리고 개념적 한계가 이 변화를 유발하였다.

능동태는 수동태보다 문장이 간결하다는 장점이 있지만 ④-2에는 바로 앞 절(but we have argued that this feature is not Case, as Larson proposed, but a θ-role)을 받고 있는 this change(구정보)가 문미로 온다는 더 큰 단점이 있습니다. 또한 주어가 너무 길어져 문미비중의 원리를 따르지 않는 단점도 있습니다.

④-1은 제가 공저자로 출판한 논문에서 발췌한 단락인데, 원래는 마지막 문장 끝 부분에도 아래와 같이 수동태가 사용되었었습니다. 그런데 학술지의 교열 담당자copy editor가 that the current approach remedies로 수정을 하였죠.

④-3 This change was motivated by certain empirical and conceptual shortcomings in Larson's analysis that were remedied in the current approach.

이 변화는 현재의 접근법에서 바로잡힌 Larson의 분석에 나타난 특정한 실증적 그리고 개념적 한계에 의해 유발되었다.

④-3은 무거운 전치사구로 문장이 끝나는 장점이 있지만 한 문장에 수동태가 두 번 사용된다는 단점이 있습니다. 반면 능동태인 that the current approach remedies에서는 remedies가 강조된다는 장점이 있죠.

이것만은 확실히!

1. 문미비중의 원리를 따라 무거운(긴) 것을 문미에 배치한다.

e.g. At stake is an unprecedented opportunity to promote international peace and security in a world guided by the beacon of morality.

2. 중요한 정보는 가장 무겁지 않아도 문미에 배치한다.

e.g. Pyongyang gave as its reason for developing a nuclear capability and for staying away from the six-party talks Washington's refusal to alter its hostile policy to the North.

3. 구정보-신정보 배열 원칙에 따라 비지칭 there를 사용해 신정보를 문미로 보낸다.

e.g. There(구정보) are three principles that guide both our evaluation of the literature and the specification of our models.(신정보)

4. 구정보-신정보 배열 원칙에 따라 수동태를 사용해 신정보를 문미로 보낸다.

e.g. This change(구정보) was motivated by certain empirical and conceptual shortcomings in Larson's analysis that the current approach remedies.(신정보)

Lesson 11 글의 응집성

Cohesion

Q 다음은 여러 가지 대상 중에 세 가지를 거론할 때 사용하는 단어들을 순서대로 나열한 것입니다. 세 번째를 거론할 때 빈칸에 공통으로 들어갈 수 있는 단어는 무엇일까요?

ⓐ 단수: One, another, ____ another
ⓑ 복수: Some, others, ____ others

A ⓐ와 ⓑ에 공통으로 들어갈 수 있는 단어는 still과 yet 두 개입니다. 대상이 정확히 두 개만 있으면 One, the other를 사용하고, 여러 가지 중에 두 개를 거론할 때는 One, another를 사용하죠. 그리고 세 번째를 거론할 때는 still another 또는 yet another라고 합니다. 복수일 때도 마찬가지로 세 번째를 거론할 때는 sill others 또는 yet others라고 합니다. 따라서 정답은 still과 yet입니다.

일관성과 응집성의 차이와 관계

모든 작문에 필요한 요소를 두 단어로 요약하면 일관성coherence과 응집성cohesion입니다. 일관성은 글 전체에 관련된 요소이고 응집성은 문장과 문장 간 관계에 관련된 요소입니다. 글의 일관성을 높이려면 주제와 관련 없는 문장은 모두 삭제해야 하겠죠. 그리고 문장들의 응집성을 높이면 전체 글의 일관성도 높아지게 됩니다.[52]

학술적 글쓰기에서는 지칭과 연결이 중요

문법적인 응집성은 크게 지칭reference, 대용substitution, 생략ellipsis, 연결conjunction의 네 가지로 나뉩니다.[53] 이 네 가지 중 학술적 글쓰기에서 가장 중요한 것은 지칭과 연결입니다.[54] ①-1은 모두 다섯 개의 문장으로 이뤄져 있는데, 모든 문장이 Soccket이라는 발명품에 관련되어 있으므로 일관성이 높은 단락입니다.

①-1 Students kick around a soccer ball during a break at school. Minutes later, it provides light for their classwork. After it is kicked around for only 30 minutes, the Soccket can store enough energy to power a lamp for several hours. It was developed by five students from Harvard University in 2010. It looks exactly like a normal soccer ball, but inside it there is a power-generating device to produce electricity by movement. It is also good for health because it encourages exercise and offers an alternative to smoky oil-filled lamps.[55]

학생들은 학교에서 쉬는 시간에 축구공을 차고 다닌다. 몇 분 후에, 그것은 그들의 교실학습에 필요한 빛을 제공한다. 단 30분을 차인 후에, Soccket은 램프에 몇 시간 동안 전력을 공급할 수 있는 충분한 에너지를 저장할 수 있다. 이것은 2010년 하버드 대학의 5명의 학생들에 의해 개발되었다. 이것은 일반적인 축구공과 똑같아 보이지만, 그 안에는 움직임으로 전기를 생산하는 발전장치가 있다. 이것은 운동을 장려하고 연기로 가득 찬 램프의 대안을 제공하기 때문에 건강에도 좋다.

①-1의 일관성이 높은 또 하나의 이유는 지칭과 연결이 잘 사용되었기 때문입니다. 색으로 표시된 명사와 대명사는 모두 첫 문장의 a soccer ball을 지칭하고, 밑줄 친 단어들은 문장 간 적절한 연결고리를 제공합니다.

동일한 대명사를 네 번 이상 연속으로 사용하지 않기

위 단락의 한 가지 아쉬운 점은 대명사 it이 너무 많다는 것입니다. 기본적으로, 동일한 대명사가 네 번 이상 연속으로 사용되는 것은 좋지 않습니다. ①-1에는 총 일곱 개의 it이 있는데 이 중 세 개를 아래의 ⓐ, ⓑ, ⓒ로 고치면 좀 더 우아한elegant 단락이 됩니다.

①-2 Students kick around a soccer ball during a break at school. Minutes later, it provides light for their classwork. ⓐ After getting kicked around for only 30 minutes, the Soccket can store enough energy to power a lamp for several hours. ⓑ This ingenious ball was developed by five students from Harvard University in 2010. It looks exactly like a normal soccer ball, but inside it there is a power-generating device to produce electricity by movement. ⓒ The Soccket is also good for health because it encourages exercise and offers an alternative to smoky oil-filled lamps.

대명사 대신 명사구를 사용하여 지칭하기

ⓐ에서는 구문 형태를 바꾸어 it을 생략하였고, ⓒ에서는 Soccket을 다시 사용하였습니다. ⓑ에서는 This ingenious ball(이 기발한 공)이라는 명사구를 사용하였는데, ②에서도 Hillary Clinton을 지칭하기 위해 대명사 she 대신 명사구 the Democratic presidential nominee가 사용되었습니다.

② Hillary Clinton called on the FBI to "immediately" explain its review of a new batch of emails the agency said appeared to be pertinent to the previous investigation into her use of a private server. Addressing reporters on Friday, the Democratic presidential nominee said it was "imperative" for American voters to have all of the information with just 11 days remaining before the presidential election.[56]

힐러리 클린턴은 FBI가 그녀의 사설 서버 사용에 대한 이전 조사와 관련이 있다고 밝힌 새로운 이메일 검토내용을 "즉시" 설명할 것을 요청했다. 민주당 대선 후보는 금요일에 기자들을 만나 대선을 11일 남겨놓고 미국 유권자들이 모든 정보를 보유하는 것이 "필수적"이라고 말했다.

one, another, still another

학술적인 글쓰기에서는 자신의 주장을 뒷받침하는 예를 들어야 하는 경우가 많습니다. first(ly), second(ly), third(ly) 등과 같은 부사를 문두에 사용하여 예를 나열할 수 있지만, 명사구를 나열할 때는 first, second, third로 나열할 수 없는 경우가 많습니다. 이런 경우에는 ③에서처럼 one, another, still another를 사용하여 명사구를 연결하면 됩니다. (참고로, 문미에 있는 and so on은 불필요한 표현이므로 삭제하고 still another 앞에 and를 추가하는 것이 좋습니다.)

③ Apparently confident that he would have multiple opportunities for publication, Mark Twain took the route of successive thanks, dedicating one book to his mother, another to his daughters, still another to a friend, and so on. (COCA:2008:ACAD)

출판의 기회가 많을 것이라고 확신한 마크 트웨인은 연속된 감사의 뜻을 전하며 한 권의 책을 그의 어머니께, 다른 한 권은 딸들에게, 그리고 친구에게 또 다른 한 권을 헌정했다.

그리고 ④에서처럼 one을 사용하지 않고 another와 still another를 사용할 수도 있습니다.

④ When Ms. Bartlett was freed, two of her brothers were in prison. Another brother had died of AIDS. Still another, whose life had revolved around his job as a piano deliveryman and his family, had been fatally shot on a street in the Bronx. (COCA:2004:NEWS)

Bartlett 씨가 풀려났을 때 그녀의 형제 중 두 명은 교도소에 있었다. 다른 형제 한 명은 에이즈로 죽었다. 피아노 배달원 직업과 그의 가족을 위주로 살았던 또 다른 형제 한 명은 Bronx의 한 거리에서 치명적인 총상을 입었다.

one, another, yet another

세 번째 예 앞에는 still another 대신 ⑤에서처럼 yet another가 사용되기도 합니다. 물론 Yet another 다음의 student는 생략할 수 있습니다.

⑤ While learners may possess multiple intelligences, they prefer different learning tasks and methods of expressing learning based on their preferred intelligence. Whereas one student might prefer to write an essay, another may choose to create a slide show. Yet another student would elect to carry out a science experiment. (COCA:2015:ACAD)

학습자들은 다중지능을 가지고 있지만, 선호하는 지능에 따라 다른 학습과제와 학습표현 방법을 선호한다. 한 학생이 에세이 쓰는 것을 선호할 수 있는 반면, 다른 학생은 슬라이드 쇼를 만드는 것을 선택할 수 있다. 또 다른 학생은 과학실험을 하는 것을 선택할 수도 있다.

some, others, still/yet others

복수명사의 예를 나열할 때는 some, others, still others 또는 yet others를 사용합니다. ⑥에서 Some 뒤에 명사 writers가 생략된 이유는 바로 전 문장에서 이 명사를 찾을 수 있기 때문입니다.

⑥ As writers, we hold fast to certain rationalizations of English-usage violations we consider unimportant. Some look the other way upon spying a dangling modifier in their copy. Others rationalize their split infinitives. Still others adamantly advocate the word *while* is correctly used to show contrast.[57]

작가로서 우리는 중요하지 않다고 생각하는 영어용법 위반에 대한 특정 합리화를 굳게 유지한다. 어떤 이들은 그들의 책에서 현수수식어를 알면서도 모르는 척한다. 다른 이들은 분리 부정사를 합리화한다. 또 다른 이들은 단어 while이 대조를 나타내기 위해 올바르게 사용된다고 굳세게 옹호한다.

⑦ Some students started with the primary sources set about his death, others with his occupation prior to the war, and yet others with his hospital work while at Camp Lewis. (COCA:2014:ACAD)

몇몇 학생들은 그의 죽음에 대한 1차 자료에서 시작했고, 다른 학생은 전쟁 이전의 그의 직업에 대해 그리고 또 다른 학생들은 Lewis 캠프에 있는 동안의 그의 병원 일에서 시작했다.

one을 사용하지 않고 another와 still another를 사용할 수 있는 것과 마찬가지로, ⑧에서처럼 some을 사용하지 않고 others(또는 other+복수명사)와 yet others를 사용할 수도 있습니다.

⑧ Governors in Arizona and Colorado have made similar requests to reopen some or all of their parks. Other governors, including South Dakota Gov. Dennis Daugaard, are mulling the idea, while yet others have balked at the strategy, since there's no guarantee that states will get paid back. (COCA:2013:NEWS)

애리조나와 콜로라도의 주지사들은 그들 공원의 일부 또는 전부를 다시 개장하자는 비슷한 요청을 했다. 사우스다코타 주지사인 Dennis Daugaard를 포함한 다른 주지사들은 이 생각을 숙고하고 있는 반면, 또 다른 주지사들은 주 정부가 원금을 회수할 것이라는 보장이 없기 때문에 이 전략을 주저하고 있다.

이것만은 확실히!

1. 글의 응집성을 높이기 위해 지칭과 연결에 주의하고, 동일한 대명사는 네 번 이상 연속으로 사용하지 않는다.

e.g. Students kick around a soccer ball during a break at school. Minutes later, it provides light for their classwork. After getting kicked around for only 30 minutes, the Soccket can store enough energy to power a lamp for several hours. This ingenious ball was developed by five students from Harvard University in 2010. It looks exactly like a normal soccer ball, but inside it there is a power-generating device to produce electricity by movement. The Soccket is also good for health because it encourages exercise and offers an alternative to smoky oil-filled lamps.

2. 여러 가지 중에 세 가지를 거론할 때는 One, another, still/yet another 또는 Some, others, still/yet others를 사용한다.

e.g. Whereas one student might prefer to write an essay, another may choose to create a slide show. Yet another student would elect to carry out a science experiment.

Exercise 2

1. 다음 문장의 빈칸을 알맞은 부사구로 채우세요.

Unlike some experts, we do not exclude the speaker's reasonable image from the art as contributing nothing to persuasiveness. ______, character contains almost the strongest proof of all, so to speak.

2. 다음 문장에서 문법적으로 틀린 곳을 찾아 수정하세요.

He could proceed with what he once called a ban on Muslims'entering the country, but later amended—after being accused of racism—to a ban on visitors from a list of troubled nations, and almost all of which are Muslim-majority.

3. 각 문장의 빈칸을 적절한 접속사구로 채우세요.

ⓐ ______ students of AI learn about search, knowledge representation, inference, planning, learning, and other topics, they should also learn about ethical theories.

ⓑ ______ you come from the community you're researching does not guarantee you access.

ⓒ Charlotte School of Law faces an uncertain future ______ the federal government has cut off student loans.

4. 밑줄 친 수식어 중 문장의 주어를 꾸며주는 수식어는 무엇일까요?

ⓐ Generally speaking, do not use a comma when you tack a subordinate clause at the end of an independent clause, if that clause is necessary to understand the meaning of the sentence.[58]

ⓑ To summarize, this study shows college students are likely to have easy access to the Internet and readily obtain personal health information online. (COCA:2015:ACAD)

ⓒ The third and last part of this book comes back to the early twenty-first century. Based on a much deeper understanding of humankind and of the humanist creed, it describes our current predicament and our possible futures.[59]

5. 밑줄 친 분사구문 중 문두로 옮길 수 있는 분사구문은 무엇일까요?

ⓐ The corporation shut down the plant, leaving many workers unemployed.[60]

ⓑ Searle rejects Austin's distinction between constative and performative, interpreting all utterances as performatives.[61]

6. which의 선행사가 명확해지도록 문장을 적절히 수정하세요.

The main line of Western thought about grammar can be traced back to the Ancient Greeks from about the fourth century BC, which arguably reached its peak with the grammar of Dionysius Thrax in about 100 BC.

7. 문장의 의미가 좀 더 명확해지도록 다음 문장의 어순을 바꿔보세요.

Have students share their ideas about what they think is most important when choosing a job with their group members.

8. 다음 단락의 빈칸을 적절한 단어 또는 구로 채우고 밑줄 친 명사구를 지칭하는 대명사를 모두 찾으세요. 그리고 마지막 문장을 정보 구조 원칙에 맞게 수정하세요.

Plagiarism is best defined as a deliberate activity—the conscious copying from the work of others. The concept of plagiarism has become an integral part of North American and Western European countries. It is based on a number of assumptions that may not hold true in all cultures. ___ⓐ___ is a rather romantic assumptions that the writer is an original, individual, creative artist. ___ⓑ___ is that original ideas and expressions are the acknowledged property of their creators (as is the case with a patent for an invention). ___ⓒ___ is that it is a sign of disrespect—rather than respect—to copy without acknowledgement from the works of published authorities. Even the use of images and figures that you have downloaded from the internet, but for which you give no source, are included in this.

Exercise 2 Answers

1. Unlike some experts, we do not exclude the speaker's reasonable image from the art as contributing nothing to persuasiveness. On the contrary, character contains almost the strongest proof of all, so to speak.[62]

몇몇의 전문가들과 달리, 우리는 화자의 합리적인 인상을 수사법에서 설득에 아무런 기여를 하지 않는다는 것으로 배제하지 않는다. 반대로, 품성은 말하자면 거의 모든 것 중에서 가장 강력한 증거를 포함하고 있다.

2. He could proceed with what he once called a ban on Muslims'entering the country, but later amended—after being accused of racism—to a ban on visitors from a list of troubled nations, and almost all of which are Muslim-majority.[63]

그는 자신이 한때 이슬람교도들의 입국금지라고 불렀던 정책으로 진행할 수 있었는데, 이 정책은 인종차별주의라고 비난받은 후 문제가 있는 나라에서 오는 방문객을 금지하는 것으로 개정되었고, 이 나라의 대부분은 이슬람교도들이 다수인 나라들이다.

3. ⓐ Just as students of AI learn about search, knowledge representation, inference, planning, learning, and other topics, they should also learn about ethical theories. (COCA:2017:ACAD)

AI의 학생들이 검색, 지식표현, 추론, 계획, 학습 및 기타 주제에 관해 배우는 것처럼 그들은 윤리 이론에 대해서도 배워야 한다.

ⓑ Just because you come from the community you're researching does not guarantee you access. (COCA:2016:ACAD)

당신이 연구하고 있는 지역사회에서 왔다고 해서 당신에게 접근이 보장된 것은 아니다.

ⓒ Charlotte School of Law faces an uncertain future now that the federal government has cut off student loans. (COCA:2017:NEWS)

연방정부가 학자금대출을 중단했으므로 Charlotte 법대는 불확실한 미래에 직면해 있다.

4. ⓐ Generally speaking, do not use a comma when you tack a subordinate clause at the end of an independent clause, if that clause is necessary to understand the meaning of the sentence.

일반적으로, 문장의 의미를 이해하는데 그 절이 필요하다면, 독립절의 끝에 종속절을 붙일 때 쉼표를 사용하지 마시오.

ⓑ To summarize, this study shows college students are likely to have easy access to the Internet and readily obtain personal health information online.

요약하자면, 이 연구는 대학생들이 인터넷에 쉽게 접근할 가능성과 온라인으로 개인 건강 정보를 손쉽게 얻을 수 있는 가능성이 높다는 것을 보여준다.

ⓒ The third and last part of this book comes back to the early twenty-first century. Based on a much deeper understanding of humankind and of the humanist creed, it describes our current predicament and our possible futures.

= the third and last part of this book

이 책의 세 번째이자 마지막 부분은 21세기 초반으로 거슬러 올라간다. 인류와 인문주의자의 신념에 대한 깊은 이해를 바탕으로 이 책은 현재 우리가 처한 곤경과 가능한 미래를 묘사한다.

5. ⓐ The corporation shut down the plant, leaving many workers unemployed.

회사는 공장을 폐쇄하고 많은 노동자들을 실직시켰다. 결과를 나타내는 문미 분사구문이므로 문두로 옮길 수 없음.

✔ⓑ Searle rejects Austin's distinction between constative and performative, interpreting all utterances as performatives. 문두로 옮길 수 있음.

Searle은 Austin의 사실진술과 수행진술의 구별을 거부하고 모든 발언을 수행진술로 해석했다.

6. The main line of Western thought about grammar can be traced back to the Ancient Greeks from about the fourth century BC, a tradition which arguably reached its peak with the grammar of Dionysius Thrax in about 100 BC.[64]

문법에 대한 서구 사상의 주요 계보는 기원전 약 4세기부터의 고대 그리스로 거슬러 올라갈 수 있는데, 이는 기원전 약 100년경에 Dionysius Thrax의 문법으로 거의 정점에 이른 전통이다.

7. Have students share with their group members their ideas about what they think is most important when choosing a job.

학생들이 직업을 선택할 때 가장 중요하다고 생각하는 것에 대한 의견을 자신의 그룹 멤버들과 나누게 하시오.

8. Plagiarism is best defined as a deliberate activity—the conscious copying from the work of others. The concept of plagiarism has become an integral part of North American and Western European countries. It is based on a number of assumptions that may not hold true in all cultures. One is a rather romantic assumptions that the writer is an original, individual, creative artist. Another is that original ideas and expressions are the acknowledged property of their creators (as is the case with a patent for an invention). Yet another is that it is a sign of disrespect—rather than respect—to copy without acknowledgement from the works of published authorities. This even includes the use of images and figures that you have downloaded from the internet, but for which you give no source.[65]

구정보

신정보(문미비중의 원리도 적용되었음.)

표절은 다른 사람들의 작품을 의식적으로 베끼는 고의적인 활동으로 정의되는 것이 가장 좋다. 표절의 개념은 북미와 서유럽 국가들에서 필수적인 부분이 되었다. 이 개념은 모든 문화권에는 맞지 않을 수 있는 수많은 가정에 기반을 두고 있다. 첫째는 작가가 독창적이고 개인적이며 창조적인 예술가라는 다소 낭만적인 가정이다. 둘째는 (발명 특허의 경우와 동일하게) 독창적인 생각과 표현은 창작자만의 인정받은 재산이라는 가정이다. 셋째로는 출판된 작가들의 작품에서 허락 없이 베끼는 것은 존경보다는 무례함의 표시라는 가정이다. 이는 심지어 출처를 제공하지 않은 인터넷에서 다운받은 이미지와 수치의 사용도 포함한다.

Part 3

학술적 글쓰기

Academic Writing

Lesson 12 언어의 사용역 Register

Lesson 13 영작문의 종류와 글쓰기 견본 Types of writing & Writing templates

Lesson 14 표절 방지하기 Avoiding plagiarism

Lesson 15 학술적 본론과 참고문헌 Academic body paragraphs & References

Lesson 12 언어의 사용역

Register

Q 아래 문장은 인과관계를 사실로 기술하고 있습니다. 동일한 내용을 사실이 아닌 글쓴이의 의견으로 나타내려면 어떻게 수정하면 될까요?

Ⓐ was caused by Ⓑ. ⇨ ⓐ I think Ⓐ was caused by Ⓑ.
ⓑ Ⓐ may have been caused by Ⓑ.
ⓒ In my opinion, Ⓐ was caused by Ⓑ.

A ⓐ, ⓑ, ⓒ 모두 가능하지만 학술적 글쓰기에 가장 적합한 문장은 ⓑ입니다. 많은 학생들이 I think 또는 In my opinion을 사용하는데 학술적인 글쓰기에서 이런 표현은 피하는 것이 좋습니다. 최대한 객관적으로 진술하는 것이 좋기 때문이죠. 학술적 글쓰기에서 특정 내용이 사실이 아닌 본인의 주장이라는 것을 나타내려면 may, might, could와 같은 법조동사를 사용하면 됩니다.

A 사용역에 따른 문법의 변화

사용역의 정의

글을 쓸 때 가장 먼저 고려해야 하는 것 중 하나는 '사용역(使用域, register)'입니다. 사용역이란 '화자가 특정한 상황에 따라 언어를 적절히 바꾸어 사용하는 것, 또는 그러한 영역'을 뜻하는 용어입니다.[1] 상황에 적절한 사용역을 사용하는 것은 모든 언어에서 중요합니다. ①은 빼빼로 데이(11월 11일)를 맞아 어느 편의점에 걸려있던 현수막의 문구인데, 뭔가 좀 이상합니다.

① 당신도 내가 생각나는 날이길 바라요.

'바라' 또는 '바라요'는 표준어이지만 일상대화에서 이렇게 말하는 한국인은 거의 없습니다. 국문과 교수님조차 대화에서는 '바래', '바래요'로 말을 하죠. 물론 공식적인 자리 또는 책을 집필하는 중이라면 '바라요'라는 표준어를 사용해야 하겠지만, 빼빼로 데이 광고를 담은 편의점 현수막에 '바라요'를 쓰는 것은 사용역에 어긋나는 어법이라고 할 수 있습니다.

격식 없는 사용역에서만 허용되는 문법

영어에서도 물론 사용역이 중요합니다. 사용역에 따라 문법적으로 허용되는 범위가 다르기 때문이죠. ②는 소설과 대화에서 사용된 wish 가정법의 예인데 규범 문법적으로는 틀렸지만 원어민들이 자주 사용하는 문장입니다.

②-1 I wish you would have told me yesterday. (COCA:1993:FIC)
= had told
어제 나한테 말했더라면 좋았을 텐데.

②-2 I wish you would have just listened to your dad.
= had just listened
(COCA:2010:SPOK)
아빠 말을 들었으면 좋았을 텐데.

wish 가정법에서 (wish가 현재 시제일 때) 과거 상황을 가정할 때는 과거완료를 사용해야 하는데 ②에서는 모두 would가 불필요하게 사용되었습니다. 일상대화에서는 이렇게 would have p.p.를 사용하는 것이 가능하지만 학술적인 글쓰기에서는 had p.p.(과거완료)를 사용해야 합니다.

격식 있는 사용역에서도 허용되는 문법

반면에 ③은 학술적인 글쓰기 임에도 불구하고 규범 문법에 어긋나는 대명사의 용례를 포함하고 있습니다.

③ Every teacher has seen that look in their students' eyes. It is that far away frozen gaze that comes over students when they are no longer paying attention to what the teacher is saying. (COCA:2001:ACAD)

모든 선생님은 학생들의 눈에서 그런 표정을 본 적이 있다. 이는 학생들이 선생님의 말에 더 이상 주의를 기울이지 않을 때 학생들에게 밀려오는 멀리 떨어진 냉담한 시선이다.

Every는 단수이므로 규범 문법에 따르면 their를 his or her로 바꾸어야 합니다. 하지만 요즘은 격식 있는 사용역에서도 every를 복수로 받는 것이 허용되는 분위기입니다.

사용역에 따라 품사가 바뀐다?

그리고 사용역에 따라 품사가 바뀌는 단어도 있습니다. only는 주로 부사로 사용되지만 격식 없는 사용역에서는 except that 또는 but의 뜻을 지닌 접속사로 사용될 수도 있습니다.

④ I'd love to come, only I have to work.[2]

나도 가고 싶지만 일을 해야만 해.

반면에 but은 주로 등위접속사로 사용되지만, 동요의 한 구절인 ⑤-1에서는 only의 뜻을 지닌 부사로 사용되었습니다.

⑤-1 Row, row, row your boat
Gently down the stream,
Merrily, merrily, merrily, merrily
Life is but a dream

저어라, 저어라, 저어라, 노를 저어라
천천히 강을 따라 내려가자,
즐겁게, 즐겁게, 즐겁게, 즐겁게,
인생은 꿈일 뿐이다

일상대화에서는 but이 부사로 자주 사용되지 않지만, to name but a few와 같은 관용어구에서는 오히려 only보다 자주 사용됩니다. (참고로 2018년 11월 현재 COCA에서 to name but a few는 93회, to name only a few는 54회가 검색됩니다.)

⑤-2 Compare these to the films we call classics: *The Godfather, The Shawshank Redemption, Gone with the Wind*, to name but a few. (COCA:2013:MAG)

이것들을 몇 가지만 예로 들자면 〈대부〉, 〈쇼생크 탈출〉, 〈바람과 함께 사라지다〉처럼 우리가 고전이라고 부르는 영화들과 비교해 보시오.

학술적 글쓰기에서 발견되는 법조동사의 용례

격식 있는 사용역의 특징 중 하나는 주장의 강도를 낮추기 위해 법조동사를 사용하는 것입니다. ⑥은 인과관계를 명확하고 간결하게 사실로 기술하고 있습니다.

⑥ Much of the delay was caused by inadequate local finances. (COCA:2011:ACAD)

대부분의 지연은 불충분한 지방 재정에 의해 일어났다.

그런데 학술적인 글쓰기에서도 이렇게 단도직입적인 문장은 잘 사용되지 않습니다.[3] 보통은 ⑦과 ⑧에서처럼 법조동사 may 또는 could를 사용하여 주장의 강도를 낮춰서 기술합니다.

⑦ The low ratings given to Coach B for practice #5 may have been caused by the failure of several players to attend this practice. (COCA:1996:ACAD)

5번 훈련에서 B 감독에게 주어진 낮은 점수는 여러 선수가 이 훈련에 참가하지 못했기 때문일 수 있다.

⑧ But later analyses showed that the activity could have been caused by ordinary chemical, not biological, reactions. (COCA:1992:ACAD)

그러나 사후 분석은 그 활동이 생물학적이 아니라 일반적인 화학반응에 의해 일어났을 수 있다는 것을 보여주었다.

법조동사와 가정법의 공통점은 공손한 표현

법조동사를 사용하여 주장의 강도를 낮추는 이유는 공손하게 표현하기 위해서입니다. ⑨에서처럼 가정법을 사용하여 공손히 표현하는 것과 같은 원리이죠.[4]

⑨ Juliette's mother would be pleased if you called.

(COCA:1993:FIC)

만약 당신이 방문해 주신다면 줄리엣의 어머니는 기뻐하실 겁니다.

사용역에 따른 어휘의 변화

score = 20

1863년 11월의 어느 오후, 펜실베이니아 주 게티즈버그에서 링컨 대통령은 다음 문장으로 연설을 시작합니다.

① Four score and seven years ago our fathers brought forth on this continent, a new nation, conceived in Liberty, and dedicated to the proposition that all men are created equal.

지금으로부터 87년 전 우리의 선조들은 이 대륙에서 자유 속에 잉태되고, 만인은 모두 평등하게 창조되었다는 명제에 봉헌된 한 새로운 나라를 탄생시켰습니다.

score는 성경책에 사용된 어휘

너무 잘 알려진 명연설이라 Four score and seven years가 87년을 뜻한다는 것도 많은 사람들이 알고 있습니다. score가 숫자 20을 뜻하기 때문이죠. 그런데 왜 굳이 링컨 대통령은 Eighty-seven years ago 대신 (4×20)+7=87이라는 복잡한 계산을 해야 하는 어구를 사용하였을까요? 그 이유는 바로 성경책처럼 들리기 위해서였습니다.[5] 제가 가지고 있는 성경책에서 시편 90장 10절을 찾아보았습니다.

②-1 The days of our lives are seventy years; and if by reason of strength they are eighty years, yet their boast is only labor and sorrow; for it is soon cut off, and we fly away.

우리의 연수가 칠십이요, 강건하면 팔십이라도 그 연수의 자랑은 수고와 슬픔뿐이요, 신속히 가니 우리가 날아가나이다.

동일한 성경 구절을 링컨 대통령 시대의 사람들이 읽었던 〈킹 제임스 성경(King James Version)〉에서 찾으면 다음과 같이 적혀 있습니다.

②-2 The days of our lives are threescore years and ten; and if by reason of strength they are fourscore years, yet is their strength labour and sorrow; for it is soon cut off, and we fly away.

링컨 대통령이 성경 어구를 사용한 이유

1863년 펜실베이니아에 살던 미국인들이 1611년에 영국에서 발행된 성경책에 나오는 구절인 threescore years와 fourscore years를 일상대화에 사용했을 리 만무합니다. 하지만 링컨 대통령 시대의 개신교 신자들은 모두 〈킹 제임스 성경〉을 읽고 있었으므로 Four score and seven years ago가 성경에서나 나오는 구절이라는 것을 알 수 있었을 것입니다. 남북전쟁(1861–1865)에서 가장 많은 사상자를 낸 참혹했던 게티즈버그 전투Battle of Gettysburg의 의미를 신성화하려는 링컨 대통령의 의중을 짐작할 수 있게 하는 연설 첫머리입니다.

구동사/전치사 동사를 하나의 동사로 대체하기

학술적 글쓰기에서 가장 두드러지게 나타나는 어휘 변화 중 하나는 구동사(phrasal verb=동사+소사(小辭, particle)) 또는 전치사동사(prepositional verb=동사+전치사) 대신 하나의 동사를 사용하는 것입니다. 문장이 간결해지기 때문이죠. 예를 들어 ③을 학술적 글쓰기에 사용한다면 coming up with는 offering으로 바꾸는 것이 좋습니다.

③ According to some biologists, coming up with clear proof of the decreasing numbers of frogs has been difficult.

일부 생물학자에 따르면, 개구리 수의 감소에 대한 명확한 증거를 대기는 어렵다.

⇩

According to some biologists, offering clear proof of the decreasing numbers of frogs has been difficult.[6]

구동사를 가끔 '이어(二語)동사'라고도 하는데 come up with, get out of, look forward to 등 '동사+소사+전치사'로 이루어진 '삼어(三語)동사phrasal prepositional verb'도 있습니다.

소사와 전치사의 분류 방법

소사와 전치사는 어떻게 구분할까요? ④와 ⑤에서처럼 목적어 앞뒤에 모두 올 수 있으면 소사, 그렇지 않으면 전치사로 분류하면 되는 것으로 알려져 있죠.

소사

④ I looked over the document and wondered what it would be like to reach two hundred years of age. (COCA:2004:FIC)

나는 그 서류를 훑어보고 200세가 되면 어떨지 궁금했다.

소사

⑤ The owner, in his forties with a paunch and bald head, picked up the bracelet and looked it over. (COCA:2017:FIC)

배가 나오고 대머리인 40대 주인은 팔찌를 집어 들고 살펴보았다.

④에서는 목적어가 명사이므로 looked the document over도 가능하지만 ⑤에서처럼 목적어가 대명사일 때는 소사 over가 it뒤로 와야 합니다.

전치사처럼 움직일 수 없는 소사

그런데 사실 ⑥에서처럼 소사가 목적어 뒤로 움직일 수 없는 경우도 있습니다.

소사

⑥ I was aware of Bobby, the Web-based tool that reviews web sites for their accessibility to the disabled, but had never looked into it. (COCA:2004:ACAD)

나는 웹사이트의 장애인에 대한 접근성을 평가하는 웹 기반 도구인 Bobby를 알고 있었지만 결코 조사해 본 적은 없다.

⑥에서 look into는 '~을 조사하다'라는 뜻의 구동사입니다. 그런데 목적어가 대명사임에도 불구하고 소사 into가 it 뒤로 갈 수 없습니다.

소사는 강세가 있고 전치사는 강세가 없음

그럼 소사와 전치사는 어떻게 구별할 수 있을까요? 학습자 사전에서 강세의 유무를 확인하면 됩니다. 영어는 '강세박자언어 stress-timed language'이므로 단어뿐만이 아니라 문장에도 강세가 있습니다.[7] 문장 강세란, 의미어(동사, 명사, 형용사, **부사**)에는 강세를 주고 기능어(조동사, 대명사, 접속사, 한정사, **전치사**)에는 강세를 주지 않는 것을 뜻합니다. 따라서 전치사에는 강세가 없고 소사는 부사와 성격이 비슷한 의미어로 분류되므로 강세가 있습니다.

Oxford Advanced Learner's Dictionary (9th ed.) (2015, p. 921)에 의하면 전치사동사인 look at sth에서는 look에 강세가 있고 at에는 강세가 없는 반면, 구동사인 look into sth에서는 look에 제2강세 그리고 into에는 제1강세가 있습니다. 강세가 있으면 소사이고 그렇지 않으면 전치사라는 뜻이죠. look over처럼 소사의 이동이 가능한 구동사는 양화살표를 사용하여 look sth↔over로 표시되어 있습니다.

look into를 examine으로 대체하기

COCA에서 2018년 11월 현재 looked into it은 총 137회가 검색되는데 그 중 단 하나만이 학술적인 사용역에서 사용되었습니다. 위 예문 ⑥이 바로 그것인데 학술지에서 발췌한 문장이지만 주어가 I인 구어체의 문장이므로 look into가 사용된 것입니다. 격식 있는 사용역에서는 ⑦에서처럼 look into(또는 look over) 대신 examine을 사용하는 것이 좋습니다.

⑦ The two approaches differ, however, in the level at which data were considered. Whereas Varca considered home and away performance at the aggregate level, the current study <u>examined</u> it from a matched perspective. (COCA:1999:ACAD)

그러나 두 가지 접근법은 데이터가 고려된 수준에 차이가 있다. Varca는 홈과 원정경기의 성적을 종합적 수준에서 고려한 반면에, 본 연구는 이를 매치된 관점에서 조사하였다.

put sth into practice를 implement로 대체하기

격식 있는 사용역에서는 ⑧에서처럼 구동사는 아니지만 여러 단어(put sth into practice) 대신 하나의 동사(implement)가 사용될 수 있을 때에도 하나의 동사를 사용하는 것이 좋습니다.

⑧ Given our fast-paced society, people must routinely put creative solutions to unexpected problems into practice.

우리의 급변하는 사회를 고려할 때, 사람들은 예상치 못한 문제에 대해 창의적인 해결책을 일상적으로 시행해야 한다.

⇩

Given our fast-paced society, people must routinely implement creative solutions to unexpected problems.[8]

1. 격식 없는 사용역과 격식 있는 사용역에 허용되는 문법이 각각 다르다.

   e.g. ⓐ I wish you would have told me yesterday.

   ⓑ Every teacher has seen that look in their students' eyes.

2. 학술적인 글쓰기에서는 공손한 표현을 위해 법조동사를 사용한다.

   e.g. Much of the delay was (may have been) caused by inadequate local finances.

3. 링컨 대통령이 당시 일상대화에 사용되지 않았던 score(=20)란 단어를 게티즈버그 연설에 사용한 것처럼 사용역에 따라 허용되는 어휘도 사뭇 다르다.

4. 학술적 글쓰기에서는 구동사 또는 전치사동사 대신 하나의 동사를 사용한다.

   e.g. The current study looked into (examined) it from a matched perspective.

Lesson 13 영작문의 종류와 글쓰기 견본

Types of writing & Writing templates

Q 학부 또는 대학원에서 하는 학술적 글쓰기는 서론, 본론, 결론으로 구성되는 영어 에세이와 어떻게 다를까요?

A 영작문은 수준에 따라 대략적으로 고등학교, 대학교, 대학원에서 하는 세 가지의 작문으로 나눌 수 있습니다. 고등학교 때까지 하는 작문이 〈Writing 절대 매뉴얼-입문편〉에 자세히 설명되어있는 서론, 본론, 결론으로 구성된 에세이입니다. 학부에서는 동일한 구성(organization)을 사용하되 수업에서 읽은 학술서적 또는 논문을 인용하여 자신의 주장을 뒷받침해야 합니다. 대학원의 석 · 박사 논문에서는 다른 전문가들의 논문을 인용하는 것은 물론이고 본론을 좀 더 세밀하게 제2장. 이론적 배경, 제3장. 연구방법, 제4장. 연구결과로 나눠서 작성해야 합니다.

영작문의 종류

유형에 따라 영작문 분류하기

영작문은 유형과 수준에 따라 종류를 구분할 수 있습니다. 유형에 따른 영작문은 다음과 같이 일곱 가지로 나뉠 수 있습니다.[9]

〈유형에 따른 영작문의 종류〉

	ⓐ 이야기 narration	ⓑ 서술 description
설명 exposition	ⓒ 원인-결과 cause-effect	ⓓ 비교-대조 comparison-contrast
설명 exposition	ⓔ 분류 classification	ⓕ 문제-해결 problem-solution
	ⓖ 설득 또는 논쟁적 글쓰기 persuasion or argumentative essay	

ⓒ 원인-결과, ⓓ 비교-대조, ⓔ 분류, ⓕ 문제-해결은 모두 설명 exposition의 종류이므로, 영작문은 크게 '① 이야기 narration, ② 서술 description, ③ 설명 exposition, ④ 설득 persuasion'의 네 종류로 나뉜다고 볼 수 있습니다.[10]

작문의 전체적인 구성과 각 단락의 구성은 글쓰기의 유형에 따라 달라집니다. 예를 들어 문제-해결 글쓰기에서는 주로 다음과 같은 구성을 사용합니다.

〈문제-해결 글쓰기의 구성〉[11]

① 상황 situation	② 문제 problem
③ 해결 solution	④ 평가 evaluation

하나의 문장으로 구성된 단락

각 단락의 구성도 글쓰기 유형에 영향을 받습니다. 전공과 분야마다 차이는 있지만 가장 많이 사용되는 유형은 논쟁적 글쓰기입니다. 자신의 주장을 피력하기 위해 글을 쓰는 경우가 많기 때문이죠. 물론 논쟁적 글쓰기에도 다른 글쓰기 유형의 특징이 사용될 수도 있습니다.

예를 들어, 다음은 Standing Up to Street Gangs라는 제목으로 2002년 5월 3일 Los Angeles Times에 실린 사설 editorial의 일부분을 발췌한 것인데, 문장 하나로 구성된 단락이 포함되어 있습니다. 글 전체는 사설이므로 논쟁적 글쓰기라고 분류될 수 있지만 이야기 narration 기법이 사용되었으므로 한 문장으로 구성된 단락이 사용된 것입니다.

Two dozen residents, mainly women, signed up for leadership training from the neighborhood Catholic church, Dolores Mission, and the nonprofit Pacific Institute for Community Organization. Their neighbors began to call them los lideres, the leaders. "We learned how to build, how to work, how to create a new community," Arturo Lopez said. "For Stephanie, and all the people who died."

The gangs kept shooting.

The leaders set a new goal: Form a partnership with the Los Angeles Police Department's Hollenbeck Division, which patrols the area. "I have never seen an officer get out of his patrol car and go talk to a resident," said community organizer Mario Fuentes. More than 500 residents crowded into the church in November to meet with Chief Bernard C. Parks. The leaders asked for a yearlong pilot project that would help cops work more closely with the neighborhood, on foot and bicycles. Activist Rita Chairez recalls a conversation in which an officer said, "If you have it, other people are going to want it." Her reply: "Well, yeah!"

주로 여성인 24명의 주민들은 이웃 가톨릭교회인 Dolores Mission과 비영리 단체인 Pacific Institute for Community Organization에서 하는 리더십 훈련에 신청했다. 이웃들은 그들을 los lideres, 즉 지도자들이라고 부르기 시작했다. "우리는 어떻게 건설하고, 일하고, 새로운 공동체를 만드는지 배웠습니다."라고 Artuto Lopez가 말했다. "Stephanie, 그리고 사망한 모든 사람들을 위해."

갱들은 계속 총을 쐈다.

지도자들은 이 지역을 순찰하는 로스앤젤레스 경찰서의 Hollenbeck 부서와 파트너십을 맺는 새로운 목표를 세웠다. "저는 경찰관이 순찰차에서 나와 주민과 얘기하는 것을 본 적이 없습니다."라고 지역 사회 조직가인 Mario Fuentes가 말했다. 500명이 넘는 주민들이 11월에 Bernard C. Parks 서장을 만나기 위해 교회로 몰려들었다. 지도자들은 경찰이 도보와 자전거로 인근 이웃과 더 가깝게 일하는 것을 도울 수 있는 1년간의 시범프로젝트를 요청했다. 활동가인 Rita Chairez는 한 경찰관이 "만약 당신들이 시범프로젝트를 한다면, 다른 사람들도 원할 것이다."라고 말했던 것을 회상한다. 그녀의 대답은 "음, 그래!"였다.

수준에 따라 영작문 분류하기

학교에서 요구하는 영작문을 수준별로 분류하면 다음 세 가지로 나눌 수 있습니다.

〈수준에 따른 영작문의 종류〉

수준	특징
ⓐ 고등학교까지 up to high school	세 단락 이상 에세이
ⓑ 대학교 undergraduate	학술서적 또는 논문을 인용한 학술적 본론
ⓒ 대학원과 그 후 graduate and beyond	'이론적 배경, 연구방법, 연구결과'로 세분화된 본론

고등학교 때까지 하는 작문의 가장 큰 특징은 서론, 본론, 결론으로 구성된 세 단락 이상의 에세이를 쓰는 것입니다. 논제 서술문 thesis statement은 서론의 끝에 배치하고 본론의 각 단락은 주제문 topic sentence으로 시작하며, 결론의 첫 부분에서는 논제 서술문을 반복하여야 합니다. (〈Writing 절대 매뉴얼-입문편〉 Lesson 13: 서론과 논제 서술문, Lesson 14: 본론과 주제문, Lesson 15: 결론 참고)

대학교에서 하는 영작문의 가장 큰 특징은 본론에서 자신의 주장을 뒷받침하기 위해 학술서적 또는 논문을 인용하는 것입니다. (자세한 설명은 Lesson 15의 A. 학술적 본론 참고) 기본적인 구성은 세 단락 이상 에세이의 구성과 동일합니다.

논문의 구성과 적정 분량 알아보기

대학원에 진학하여 석 · 박사 논문을 쓸 때는 아래 표에서 보듯이 본론을 '제2장. 이론적 배경, 제3장. 연구방법, 제4장. 연구결과'의 세 부분으로 나눠서 작성해야 합니다. 각 부분을 작성하는 방법도 본인 전공 분야의 논문을 많이 읽거나, 〈Academic Writing for Graduate Students〉와 같은 책을 공부하면서 터득해야 합니다.

〈논문의 구성과 적정 분량〉

논문의 구성		적정 분량(본문 50쪽 분량 기준)
제1장. 서론 Introduction		3~5쪽
본론 Body	제2장. 이론적 배경 Literature Review	5~10쪽
	제3장. 연구방법 Methods	1~5쪽
	제4장. 연구결과 Data Analysis	30~35쪽
제5장. 결론 Conclusion		2~5쪽
참고문헌 References		본문에 인용된 자료 모두 포함

석사 논문 지도 학생들에게 가장 많이 받는 질문 중 하나는 '논문을 얼마나 길게 써야 하나요?'입니다. 그런데 사실 논문 전체의 길이보다 더 중요한 것은 논문 각 부분의 길이입니다. 학생들이 가장 자주 범하는 실수는 제2장. 이론적 배경을 제4장. 연구결과보다 길게 작성하는 것입니다. 논문의 본론에서 가장 중요한 부분은 제4장. 연구결과입니다. 따라서 이 부분이 가장 길어야겠죠.

글쓰기 견본

프랑스의 기호학자 줄리아 크리스테바(Julia Kristeva)에 의해 1966년에 처음 사용된 용어 '상호텍스트성 intertextuality'은 텍스트의 "창조자로서 작가의 위상을 비판하는 개념"으로 잘 알려져 있습니다.[12] 작가는 글을 독창적으로 창조하는 주체가 아니고 단지 이전의 글들을 재생산해서 독자에게 전달하는 매개체에 불과하다는 주장입니다.

상호텍스트성의 중요성

이런 포스트모더니즘postmodernism적인 개념 외 상호텍스트성의 기본적인 의미는 모든 글은 다른 글들과 관련성이 있다는 것입니다. 논쟁적 글쓰기 argumentative writing를 할 때 꼭 기억해야 하는 개념이죠. 논쟁적 글쓰기에서는 본인의 주장을 펴기 전에 다른 사람들이 동일한 논제에 관해 어떤 주장을 폈는지를 밝히는 것이 중요하기 때문입니다.

아래는 〈They Say I Say: The Moves that Matter in Academic Writing〉이라는 책에 나오는 글쓰기 견본writing template의 하나인데 상호텍스트성의 중요성을 잘 반영하고 있습니다. 첫 단락에서 먼저 자신의 의견과 다른 의견들을 요약한 후 두 번째 단락에서 자신의 주장을 피력하도록 구성되어있기 때문입니다.

〈논쟁적 글쓰기 견본〉[13]

> In recent discussions of ___________, a controversial issue has been whether ___________. On the one hand, some argue that ___________. From this perspective, ___________. On the other hand, however, other argue that ___________. In the words of ___________, one of this view's main proponents, "___________."According to this view, ___________. In sum, then, the issue is whether ___________ or ___________.
>
> My own view is that ___________. Though I concede that ___________, I still maintain that ___________. For example, ___________. Although some might object that ___________, I would reply that ___________. The issue is important because ___________.

글쓰기 견본 활용하기

창의력을 발휘해야 하는 작문에 이런 견본을 사용한다는 것이 어불성설인 것 같지만 꼭 그렇지는 않습니다. 남용하지만 않는다면 위와 같은 견본이 학술적인 글쓰기에 익숙하지 않은 학생들에게는 큰 도움이 될 수 있습니다. 아래는 〈Elements of Argument: A Text and Reader〉라는 책에 나오는 견본들인데 상황별로 나누어져 있어서 논쟁적 글쓰기를 처음 배우기 시작하는 학생들에게는 좋은 참고 자료가 될 수 있습니다.

〈다양한 글쓰기 견본들〉[14]

Presenting Another's View

1. In ___________, X claims that ___________.
2. X's conclusion is that ___________.
3. On the topic of ___________, X attempts to make the case that ___________.

Agreeing in Part

1. Although most of what X writes about ___________ is true, it is not true that ___________.
2. X argues that ___________. While it is true that ___________ and ___________ are valid points, ___________ is not. Instead, ___________.

Correcting a Factual Mistake

1. While X claims ___________, it is actually true that ___________.

2. Although X states ___________, a careful examination of ___________ and ___________ indicates that ___________.

Refining Another's Argument

While X claims ___________ and ___________, he fails to consider the important point ___________. Therefore, a more accurate conclusion is ___________.

1. 영작문은 유형은 크게 '① 이야기 narration, ② 서술 description, ③ 설명 exposition, ④ 설득(또는 논쟁적 글쓰기) persuasion'의 네 종류로 나뉜다.

2. 석 · 박사 논문의 본론은 '제2장. 이론적 배경 Literature Review, 제3장. 연구방법 Methods, 제4장. 연구결과 Data Analysis'의 세 부분으로 나뉜다.

3. 논쟁적 글쓰기에서는 자신의 주장을 피력하기 전에 자신의 의견과 다른 의견들을 먼저 요약하는 것이 중요하다.

Lesson 14 표절 방지하기

Avoiding plagiarism

Q 학술서적 또는 논문에서 읽은 타인의 의견을 인용하는 방법은 세 가지가 있습니다. 이 세 가지 방법이 무엇일까요?

A 정답은 ⓐ요약 summarizing, ⓑ말바꿔쓰기 paraphrasing, ⓒ직접인용 quoting입니다. 직접인용은 요약, 말바꿔쓰기와 달리 따옴표를 사용하여 타인의 의견을 그대로 인용하는 것이죠. 요약과 말바꿔쓰기는 자신의 언어로 타인의 의견을 표현하는 것입니다. 요약과 말바꿔쓰기의 가장 큰 차이점은 요약은 원문보다 훨씬 짧지만 말바꿔쓰기는 원문과 길이가 거의 동일하다는 것입니다.

A 요약

의도적인 표절과 우연한 표절

표절 plagiarism은 범죄입니다. 표절은 '의도적인 deliberate 표절'과 '우연한 accidental 표절'로 나눌 수 있습니다.[15] 의도적인 표절은 말 그대로 타인의 의견을 자신의 의견인 것처럼 도용하는 것인데, 요즘은 표절을 의도적으로 하는 학생들은 거의 없습니다. 표절의 심각성을 많은 학생들이 인지하고 있기 때문인 것 같습니다. 그런데 아직도 우연한 표절은 종종 발생합니다. 표절의 심각성은 인지하고 있지만 타인의 의견을 적절하게 인용하는 방법을 모르는 학생들이 많기 때문입니다.

타인의 의견을 인용하는 방법은 ⓐ요약 summarizing, ⓑ말바꿔쓰기 paraphrasing, ⓒ직접인용 quoting의 세 가지로 잘 알려져 있습니다.[16]

그런데 사실 학술지 논문의 내용을 요약해야 하는 경우는 별로 없습니다. 만약 요약이 필요하다면 논문의 초록abstract 또는 결론conclusion을 말바꿔쓰기하면 되기 때문이죠.

현재시제로 요약하기

학술적 글쓰기에서 요약이 필요한 경우는 주로 문학작품에 관하여 글쓰기를 할 때입니다. 해당 문학작품을 읽지 않은 독자를 위해 요약을 포함해야 하기 때문이죠. 문학작품을 요약할 때 꼭 지켜야 할 규칙이 하나 있는데 바로 ①입니다.

① In summaries, keep to one tense.[17]

요약을 할 때는 하나의 시제만 사용하시오.

①은 영어 글쓰기 관련 서적의 아버지라고 할 수 있는 〈The Elements of Style〉에 수록된 규칙입니다. ②와 ③은 같은 책에서 이 규칙에 관한 예를 든 것인데 밑줄 친 동사들의 시제를 눈여겨보시기 바랍니다.

② Chance prevents Friar John from delivering Friar Lawrence's letter to Romeo. Meanwhile, owing to her father's arbitrary change of the day set for her wedding, Juliet has been compelled to drink the potion on Tuesday night, with the result that Balthasar informs Romeo of her supposed death before Friar Lawrence learns of the non-delivery of the letter.[18]

수도사 John이 수도사 Lawrence의 편지를 로미오에게 전달하는 것을 운명이 막았다. 한편, 아버지의 임의적인 결혼 일정 변경으로 인해, 줄리엣은 화요일 밤에 강제로 물약을 마셔야 했고, 그 결과 수도사 Lawrence가 편지가 배달되지 않았다는 것을 알기 전에 Balthasar가 로미오에게 소위 그녀의 죽음을 알리게 된다.

③ The Friar confesses that it was he who married them.[19]

그들을 결혼시킨 것은 자신이었다고 수도사가 고백한다.

현재완료로 먼저 발생한 사건 나타내기

문학작품을 요약할 때는 기본적으로 현재시제를 사용하는 것이 좋습니다. ②에서도 두 번째 동사(has been completed)를 제외하고는 모두 현재시제입니다. 그런데 어떻게 현재완료가 특정한 과거를 나타내는 부사구 on Tuesday night와 함께 사용될 수 있을까요?

이런 문장이 가능한 이유는 현재시제로 요약할 때 먼저 발생한 사건은 현재완료로 나타내기 때문입니다. 하지만 ③에서처럼 먼저 발생한 사건을 간접인용문(that절)으로 나타낼 때는 현재완료가 아닌 과거시제를 사용합니다.[20]

말바꿔쓰기

적절한 말바꿔쓰기의 목표와 방법

학생들이 우연한 표절을 범하는 가장 큰 요인은 말바꿔쓰기를 어떻게 해야 하고 말을 얼마나 바꿔야 적절한 말바꿔쓰기가 되는지 모르기 때문입니다. 말바꿔쓰기가 원문과 얼마나 달라야 하는지에 관한 정확한 기준은 없습니다. 다만 영어에서는 연속으로 여섯 단어 이상 동일하면 안 된다는 불문율이 있습니다.[21] 적절한 말바꿔쓰기를 하는 방법은 다음 두 가지로 요약할 수 있습니다.

〈적절한 말바꿔쓰기〉

목표	방법
원문과 비교했을 때 연속으로 여섯 단어 이상 동일한 단어가 없어야 함.	ⓐ 원문의 문법적 구조를 바꾼다. ⓑ 쉬운 단어를 동의어로 바꾼다.

어려운 단어의 동의어 사용은 절대 금물

말바꿔쓰기를 할 때 가장 잘못된 습관은 어려운 단어의 동의어부터 찾는 것입니다. 말바꿔쓰기에서 지켜져야 할 원칙은 원문과 뜻이 동일해야 한다는 것입니다. 그런데 어렵고 전문적인 단어는 원문의 저자가 다른 동의어 대신 그 단어를 사용한 특별한 이유가 있을 확률이 높습니다. 따라서 어려운 단어를 동의어로 대체하면 원문의 의미가 바뀔 확률도 높아집니다.

예를 들어, Widdowson이라는 응용언어학자는 '진정함'이라는 뜻을 가진 두 개의 동의어 genuineness와 authenticity는 전혀 다른 개념이라고 주장합니다. 전자는 '지문 자체의 특징(a characteristic of the passage itself)'인 반면 후자는 '독자와 지문 간의 관계를 나타내는 특징(a characteristic of the relationship between the passage and the reader)'이라고 주장합니다.[22]

적절한 연어인지 확인하기

이 주장에 따르면 신문 기사를 모아 코퍼스로 구축한 자료는 genuine하지만 authentic하지 않습니다. 코퍼스 자료를 연구하는 학자는 신문을 읽는 독자가 아니기 때문이죠. 따라서 authentic teaching materials에서 authentic을 genuine으로 바꾸면 전혀 다른 뜻으로 이해가 될 수 있습니다. 그리고 더 큰 문제는 genuine teaching materials라는 연어collocation는 응용언어학에서 사용되지 않는다는 것이죠.

물론 동의어를 거의 사용하지 않고도 적절한 말바꿔쓰기를 할 수 있습니다. ①은 한국어 말바꿔쓰기의 예인데 원문과 뜻이 동일하고 연속으로 여섯 단어 이상 동일한 단어가 없으므로 적절하게 말바꿔쓰기를 한 것입니다.

원문		말바꿔쓰기
① 대학교에서 영작문을 할 때는 동일한 구성을 사용하되 수업에서 읽은 학술서적 또는 논문을 인용하여 자신의 주장을 뒷받침해야 합니다.	→	학부에서 하는 영작문의 특징은 자신의 주장을 뒷받침하기 위해 학술서적 또는 논문을 인용하는 것입니다. 기본적인 구성은 세 단락 이상 에세이와 동일합니다.

①의 원문과 말바꿔쓰기한 문장의 가장 큰 차이점은 두 가지입니다. 첫 번째 차이점은 원문의 밑줄 친 부분을 말바꿔쓰기한 문장에서는 완전한 문장으로 바꾼 것입니다. 두 번째 차이점은 원문의 마지막 부분을 말바꿔쓰기에서는 앞부분으로 옮긴 것이죠. 동의어가 사용된 것은 '대학교'를 '학부'로 바꾼 것이 전부입니다.

적절한 말바꿔쓰기의 예

이처럼 영어에서도 원문의 구조를 바꾸고 쉬운 단어를 동의어로 바꾸면 적절한 말바꿔쓰기를 할 수 있습니다. ②는 〈Insights 2: A Content-based Approach to Academic Preparation〉라는 책에 제시된 적절한 말바꿔쓰기의 예입니다.

원문

② The presence of other people may lead each person to interpret the situation as less serious than he would if alone.

다른 사람들의 존재는 각 사람들로 하여금 그 상황을 혼자일 경우보다 덜 심각하다고 해석하게 할 수 있다.

⇩

말바꿔쓰기

When others are present, individuals' interpretations of emergency situations may be less serious than if they were by themselves.[23]

②의 원문과 말바꿔쓰기한 문장의 차이점은 두 가지입니다. 우선 원문의 주어로 사용된 명사구를 말바꿔쓰기에서는 When 부사절로 바꾸었고, 동사 interpret을 명사형으로 바꾸었습니다. 그리고는 쉬운 단어 person과 alone을 각각 동의어인 individual과 by themselves로 바꾸었죠.

명사화 또는 친족관계 활용하기

적절한 말바꿔쓰기를 하려면 명사구를 절 또는 문장으로 바꾸거나 반대로 절 또는 문장을 명사구로 바꾸는 명사화nominalization를 잘 활용해야 합니다. ③은 ⓐ, ⓑ와 문법적 구조는 다르지만 의미는 동일합니다. (이렇게 구조는 다르지만 의미가 동일한 것들을 기능문법functional grammar에서는 '친족관계agnate'라고 합니다.)[24]

③ The prosecution disagreed with what had been decided by the judge.[25]

검찰은 판사가 내린 결정에 동의하지 않았다.

= ⓐ The prosecution disagreed with the judge's decision.

= ⓑ the prosecution's disagreement with the judge's decision

ⓐ에서는 ③의 what 명사절이 명사구로 바뀌었고 ⓑ에서는 ③의 주어 · 동사가 명사구로 바뀌었습니다. 말바꿔쓰기를 할 때는 ③과 같은 친족관계를 활용하는 것이 중요합니다. ④의 말바꿔쓰기에서도 친족관계가 사용되었습니다. 원문의 주어를 절로 바꾸었고 동사는 독립된 문장으로 바꾸었습니다.

원문

④ The emergence of English as the international language of scientific communication has been widely documented.

과학통신의 국제 언어로서 영어의 부상은 널리 입증되어있다.

⇩

말바꿔쓰기

ⓐ English has emerged as the international language of scientific communication. This phenomenon has been widely documented.[26]

ⓑ English has emerged as the global language of scientific communication. This phenomenon has been extensively documented.

전문적인 용어의 길이가 여섯 단어 이상인 경우

그런데 ⓐ에는 원문과 동일한 단어가 일곱 개 연속으로 사용되었다는 문제점이 있습니다. 따라서 ⓑ에서는 international을 동의어인 global로 대체하였고 부사 widely도 extensively로 대체하였습니다.

international을 global로 바꾸는 것이 가능한 이유는 응용언어학에서 international language와 global language는 혼용될 수 있기 때문입니다. 만약 많은 학자들이 international language와 global language를 구분한다면 international 대신 global을 사용하는 것이 불가능하겠죠. 그런 경우에는 연속으로 동일한 단어가 여섯 개가 넘더라도 표절로 간주되지 않습니다.

직접인용

직접인용은 인용문의 처음과 끝에 큰따옴표만 찍으면 된다고 생각하는 학생들이 있는데 학술적인 글쓰기에서는 직접인용을 하는 방법도 그리 간단하지 않습니다. 〈Publication Manual of the American Psychological Association〉은 아래와 같은 세 종류의 직접인용을 구분하고 있습니다. Ⓐ, Ⓑ, Ⓒ의 차이점은 우선 문두에서부터 나타납니다.

〈세 종류의 직접인용〉[27]

쉼표 대문자 저자의 성, 출판년도, 쪽수	Ⓐ She stated, "The 'placebo effect'... disappeared when behaviors were studied in this manner"(Miele, 1993, p. 276), but she did not clarify which behaviors were studied.
소문자 쪽수 다음에 마침표	Ⓑ Miele (1993) found that "the 'placebo effect,' which had been verified in previous studies, disappeared when [only the first group's] behaviors were studied in this manner"(p. 276).
완전한 문장 뒤 콜론 40자 또는 네 줄 이상 마침표 뒤에 쪽수	Ⓒ Miele (1993) found the following: The "placebo effect," which had been verified in previous studies, disappeared when behaviors were studied in this manner. Furthermore, the behaviors *were never exhibited again* [italics added], even when reel [*sic*] drugs were administered. Earlier studies (e.g., Abdullah, 1984; Fox, 1979) were clearly premature in attributing the results to a placebo effect. (p. 276)

저자명과 쪽수가 어디에 있는지 확인하기

Ⓐ처럼 문두에 인용된 저자의 이름이 나타나지 않을 때는 (Miele, 1993, p. 276)과 같은 '괄호인용표시parenthetical citation'에 저자명을 포함해야 합니다. 말바꿔쓰기를 할 때는 괄호인용표시에 쪽수를 포함할 필요가 없습니다. 하지만 직접인용을 할 때는 쪽수를 필수적으로 포함해야 하니 쪽수가 Ⓐ, Ⓑ, Ⓒ의 어디에 있는지도 잘 확인해야 합니다.

40자 이상의 문장 인용하기

그리고 인용문이 40자 이상(또는 네 줄 이상)일 때는 Ⓒ에서처럼 따옴표를 사용하지 않고 다음 줄에 들여쓰기를 해서 인용을 합니다. 참고로 영어교육과 응용언어학에서는 APA(American Psychological Association) 양식을 사용하고 영문학에서는 MLA(Modern Language Association) 양식을 사용하는데 괄호인용표시의 양식을 제외한 다른 것들은 거의 모두 동일합니다.

큰따옴표와 작은따옴표 올바로 사용하기

미국영어에서는 직접인용을 할 때 큰따옴표를 사용합니다. 반대로 영국영어에서는 작은따옴표를 사용하죠. 미국영어에서 Ⓐ와 Ⓑ의 'placebo effect'처럼 작은따옴표를 사용할 때는 원문(Ⓒ의 "placebo effect")에 큰따옴표가 사용된 어구를 인용할 때입니다.

떨어진 인용의 예

직접인용에는 She stated, 또는 Miele (1993) found that과 같은 '인용표시구signal phrase'가 필요합니다. ①과 같이 인용표시구 없는 직접인용은 학생들이 가장 많이 범하는 오류인데, 이런 오류를 '떨어진 인용dropped quotation'이라고 합니다.[28]

① *"The 'placebo effect,' which had been verified in previous studies, disappeared when behaviors were studied in this manner." 떨어진 인용

*"이전 연구에서 확인되었던 '위약 효과'는 이런 방식으로 행동을 연구했을 때 사라졌다."

인용표시구가 두 문장 사이에 온 경우

인용표시구는 ②와 ③에서처럼 두 인용문 사이에 올 수도 있습니다. 이런 경우에는 두 번째 인용문을 떨어진 인용으로 간주하지 않습니다.

② "I have dreamed a dream," said the wise old one-eyed god. "You have children."[29]
인용표시구

"나는 꿈을 꾸었다."라고 지혜로운 외눈박이 신이 말했다. "너에겐 자녀가 있다."

③ "The American people deserve to get the full and complete facts immediately," Clinton said during a press conference in Des Moines, Iowa. "It's imperative that the bureau explain this issue in question, whatever it is, without further delay."[30]
인용표시구

"미국 국민들은 즉시 완전한 사실을 알아야 마땅합니다."라고 클린턴은 아이오와 주의 디모인에서 열린 기자회견에서 말했다. "논쟁이 되고 있는 이 문제가 무엇이든 더 이상의 지체 없이 FBI가 반드시 설명해야 합니다."

생략부호 사용하기

원문에서 특정 부분을 삭제하고 인용을 할 때는 Ⓐ에서처럼 ...을 사용합니다. Ⓐ에서 생략된 것은 동일한 문장에 있는 which had been verified in previous studies이므로 세 개의 점(...)으로 삭제를 표시했는데 두 문장 사이에 삭제된 것이 있을 때는 세 개의 점 앞에 마침표를 찍어서 총 네 개의 점으로 표시합니다.

본인이 추가하는 내용은 각괄호로 표시

직접인용문의 이해를 돕기 위해 본인이 추가하는 내용은 Ⓑ에서처럼 각괄호 [only the first group's]로 표시합니다. Ⓒ에서처럼 강조를 위해 이탤릭체를 추가할 때도 각괄호를 이용해 [italics added]라는 문구를 추가해야 합니다. 직접인용을 할 때는 철자, 문법, 구두점 등

의 오류도 그대로 인용해야 하는데, 오류가 있으면 ©에서처럼 오류 바로 뒤에 [sic]을 추가하면 됩니다. (sic은 'so', 'thus'라는 뜻의 라틴어입니다.)

1. 우연한 표절을 하지 않으려면 ⓐ 요약 summarizing, ⓑ 말바꿔쓰기 paraphrasing, ⓒ 직접인용 quoting을 잘해야 한다.

2. 요약할 때는 주로 현재시제를 사용하고 먼저 발생한 사건은 현재완료로 나타낸다.

   e.g. Juliet has been compelled to drink the potion on Tuesday night.

3. 적절한 말바꿔쓰기를 하려면 먼저 원문의 문법적 구조를 바꾼 뒤 쉬운 단어를 동의어로 바꾼다.

원문
The emergence of English as the international language of scientific communication has been widely documented.

⇩

말바꿔쓰기
English has emerged as the global language of scientific communication. This phenomenon has been extensively documented.

4. 전문적인 용어의 길이가 여섯 단어 이상인 경우에는 동일한 용어를 말바꿔쓰기에 사용해도 표절로 간주되지 않는다.

5. 직접인용을 할 때는 인용표시구를 꼭 포함하고 세 가지의 직접인용 종류에 따라 저자명과 쪽수 등의 정보가 어디에 위치해야 하는지 파악한다.

Lesson 15 학술적 본론과 참고문헌
Academic body paragraphs & References

Q Lesson 13에서는 대학교에서 요구하는 영작문의 가장 큰 특징이 '학술적 본론 academic body paragraph'을 통해 전문가의 의견을 인용하는 것이라고 했고, Lesson 14에서는 전문가의 의견을 인용하는 세 가지 방법에 대해 배웠습니다. 그러면 학술적 본론의 어느 곳에 전문가의 의견을 인용해야 할까요?

A 정답은 본론의 주제문 topic sentence 바로 다음 문장입니다. 하나의 주제문으로 주장이 모아지는 단락에서는 주제문에서 자신의 주장을 명확히 밝히고 바로 다음 문장에서 전문가의 의견을 인용하여 자신의 주장을 뒷받침하는 것이 좋습니다. 물론 하나의 단락에 여러 주장이 포함되어있으면 각 주장을 뒷받침하기 위해 전문가의 의견을 여러 곳에 인용할 수도 있겠죠.

학술적 본론

괄호인용표시가 없으면 비학술적 본론

아래 예시 단락은 제가 미국에서 대학생 때 Film & Social Change라는 과목을 수강하면서 광고를 분석하는 과제로 제출한 에세이의 한 단락입니다. 영작문 수업이 아닌 일반 과목에서 처음 제출하는 에세이였기에 학교에 있는 글쓰기 센터 Writing Center에 가서 첨삭지도도 받고 여러 번의 수정을 거쳐 작성한 에세이였습니다.

〈비학술적 본론non-academic body paragraph의 예시〉

Indisputably, leading a comfortable life entails many accessories: a reliable car is certainly one of them, especially in Los Angeles, where the sources of public transportation are scarce. An advertisement of a car usually consists only of the car being advertised and a nice background setting; however, this particular advertisement comprises not only an interesting setting but also other intriguing elements: a dog and a black couple sitting on an embellished stone bench. Overall, the whole picture presents a sense of serenity, through the prevalence of orange dusk, and of stability, through the presence of a big chunk of granite supporting the car, Saturn SC2, and through the sturdy bench supporting the couple. These settings already suggest that Saturn SC2 renders you tranquil as does the serene nature—which would be a tremendous benefit for us, Angelenos, who have steadily grown weary of L.A.'s hectic life—and that the car is reliable as it is built on a solid foundation represented by the granite underneath it.

의심할 여지 없이, 편안한 삶을 영위하는 것은 많은 부대 용품을 수반한다. 특히 대중교통 수단이 부족한 로스앤젤레스에서 믿을 만한 자동차는 분명 그것 중 하나이다. 자동차 광고는 보통 광고되는 차와 멋진 배경으로만 구성된다. 그러나 이 광고는 흥미로운 배경뿐만 아니라 장식된 석조 벤치에 앉아있는 개와 흑인 커플이라는 아주 흥미로운 요소들로 구성되어 있다. 대체로, 전체적인 그림은 주황빛 황혼이 물들어 가는 것을 통해 평온함을 나타내고, Saturn SC2라는 차를 지지하는 커다란 화강암 덩어리와 커플을 받치는 견고한 벤치를 통해 안정감을 나타내고 있다. 이러한 배경들은 정신없이 바쁜 LA의 삶에 지친 우리들에게 큰 도움이 되는 고요한 자연처럼 Saturn SC2가 당신을 평온하게 만들고, 이 차가 화강암으로 대표되는 단단한 기초 위에 지어진 것처럼 믿을 만하다는 것을 제시한다.

무척이나 공들여 작성한 에세이였기에 내심 A0 이상의 성적을 기대하고 있었지만, 다음의 논평과 함께 돌아온 성적은 B+도 아닌 B0였습니다.

> A well-written paper with some nice insights. I liked particularly your discussion of the dog and the granite. I think, however, that you could have mentioned the Hall article… Anyway, some nice analysis—good work. Grade: B
>
> 통찰력을 수반한 잘 작성된 소논문이다. 특히 개와 화강암에 대한 논의가 마음에 들었다. 하지만, Hall의 논문을 언급할 수 있었다고 생각한다… 어쨌든, 좋은 분석이다. 성적: B

과제를 채점한 담당 조교에게 성적에 관해 문의해보니 수업에서 읽었던 논문을 인용하지 않고 받을 수 있는 가장 높은 성적은 B+라고 하였습니다. 제가 쓴 어떤 본론에도 괄호인용표시parenthetical citation가 없었으므로 제가 받을 수 있는 점수는 이미 B+ 이하로 결정되었던 것이었습니다.

영작문 수업에서 문학작품을 요약하는 방법은 배웠어도 말바꿔쓰기나 직접인용을 하는 방법은 배운 적이 없었으므로 저도 위와 같은 실수를 범한 것이죠. 이후 〈The Elements of Style〉과 〈A Writer's Reference〉 등과 같은 유명한 영작문 관련 책을 모두 탐독하였지만 전문가의 의견을 인용하는 방법을 설명해 주는 책은 봤어도 인용을 본론의 어디에 하는 것이 좋은지를 알려주는 책은 보지 못하였습니다.

주제문 바로 뒤에 전문가의 의견 인용

그래서 학술적 본론을 구성하는 방식에 관해 연구하기 시작하였고 UCLA와 MIT에서 수년간 영작문을 가르친 결과 학술적 본론은 다음과 같이 구성하는 것이 좋다는 결론을 얻었습니다.[31]

〈학술적 본론academic body paragraph의 예시〉

주제문

인용문

괄호 인용 표시

인용문의 예시

주제와 인용된 개념의 관련성 설명

ⒶOne important factor that allowed James Dillard to intervene was the lack of pluralistic ignorance. ⒷPluralistic ignorance occurs when bystanders give a passive façade by which others are influenced to think that nothing is wrong (Latané and Darley, 1973). Through experiments, the social psychologists Bibb Latanéand John M. Darley have illustrated how the company of other people affects an individual's reaction towards identifying an emergency. ⒸFor example, in one of their experiments, a group of people were sitting in a room. Smoke suddenly leaked from the vent, but nobody reacted. However, when a single individual was in the room, her reaction was instantaneous. ⒹIn Dillard's case, he had no other passersby that could second-guess his decision to intervene. Dillard only had his friend Amy by his side, so he felt responsible for helping the man.

James Dillard가 개입할 수 있었던 한 가지 중요한 요인은 다원적 무지가 없었기 때문이었다. 다원적 무지는 아무것도 잘못되지 않았다고 생각하도록 다른 사람들이 영향을 받는 수동적인 모습을 방관자가 보일 때 발생한다(Latané and Darley, 1973). 실험을 통해 사회심리학자인 Bibb Latané와 John M. Darley는 다른 사람들과 함께 있는 것이 비상사태를 파악하는 개인의 반응에 어떤 영향을 미치는지 설명하였다. 예를 들면, 한 실험에서 한 무리의 사람들이 방에 앉아 있었다. 연기가 갑자기 통풍구에서 새어 나왔지만 아무도 반응하지 않았다. 하지만, 한 사람이 방에 있었을 때는, 반응이 즉각적으로 나타났다. Dillard의 경우에는 개입하기로 한 그의 결정을 재고할 수 있는 다른 방관자가 없었다. Dillard는 친구인 Amy만이 그의 곁에 있었으므로 그 남자를 도울 책임이 있다고 느꼈다.

위의 예시는 UCLA에서 저의 영작문 수업을 수강한 대학교 1학년 학생이 작성한 에세이의 한 단락입니다. 이 단락은 다음 네 가지의 요소로 구성되어 있습니다.

〈학술적 본론의 구성요소〉

Ⓐ 주제문

Ⓑ 인용문(괄호인용표시 필수)

Ⓒ 인용문의 예시(선택사항)

Ⓓ 주제와 인용된 개념의 관련성 설명

명확한 작문 길잡이의 중요성

학생들이 위와 같이 논리적으로 구성된 본론을 작성할 수 있었던 이유 중 하나는 수업 교재였던 〈Insights 2: A Content-based Approach to Academic Preparation〉에 다음과 같은 명확한 '작문 길잡이writing prompt'가 제시되어 있기 때문입니다.

〈작문 길잡이writing prompt의 예시〉[32]

> James Dillard, the physician in "A Doctor's Dilemma," helps an accident victim despite serious reservations. Write an essay in which you apply both the definition of emergency situations and the social determinants of bystander intervention given by Latané and Darley to explain why Dr. Dillard intervened.
>
> "A Doctor's Dilemma"에 나오는 의사인 James Dillard는 심각한 의구심에도 불구하고 사고 피해자를 돕는다. Dillard 의사가 개입한 이유를 설명하기 위해 비상상황의 정의와 Latané와 Darley가 제시한 방관자 개입의 사회적 결정요인을 적용하여 에세이를 쓰시오.

만약 위와 같은 명확한 작문 길잡이가 주어지지 않고 큰 주제만 주어졌다면 글쓰기를 시작하기 전에 위와 같은 작문 길잡이를 직접 작성해 보는 것이 좋습니다. 그러면 서론에 어떤 논제 서술문thesis statement을 써야 하는지 명확해집니다. 작문 길잡이의 답을 논제 서술문으로 하면 되기 때문이죠. 논제 서술문이 정해지면 아래의 공식을 말바꿔쓰기를 해서 주제문을 만들면 됩니다. 그리고 각 주제문에 관한 본론은 학술적 본론의 구성요소에 따라 작성하면 되겠죠.

〈논제 서술문과 주제문 작성 공식〉[33]

<table>
<tr><td>논제 서술문: X is Y because of A, B, and C.

주제문 1: First, X is Y because of A.
주제문 2: Second, X is Y because of B.
주제문 3: Finally, X is Y because of C.</td></tr>
</table>

참고문헌

본문에 인용된 자료만 참고문헌에 포함

본문에 (Miele, 1993, p. 276) 또는 (Latané and Darley, 1973)과 같은 괄호인용표시가 있다면 그 에세이 또는 논문의 끝에는 항상 참고문헌이 포함되어야 합니다. 참고문헌을 APA 형식에서는 References라고 하고 MLA 형식에서는 Works Cited이라고 합니다.

References와 Works Cited를 작성하는 방법은 좀 다르지만 하나의 형식을 익히면 다른 형식도 쉽게 배울 수 있습니다. 두 형식의 공통점은 본문에 인용된 자료의 정보만 참고문헌에 포함하여야 한다는 것입니다. (가끔 APA와 MLA 외에 Chicago 형식을 사용하기도 하는데 이 형식에서는 참고문헌을 Bibliography라고 하고 본문에 인용되지 않았지만 저자가 참고한 자료도 Bibliography에 포함할 수 있습니다.[34]) 참고문헌을 나열하는 기본적인 규칙은 다음과 같습니다.

<참고문헌의 나열 규칙>

ⓐ 저자 성(author's last name)의 알파벳순으로 나열한다.

ⓑ 동일한 저자의 문헌이 여럿 있을 때는 과거 문헌을 먼저 나열한다.

ⓒ 동일한 저자가 같은 해에 다수의 문헌을 출판하였을 경우에는

① (2108a), (2018b), (2018c) 등으로 표시한 후

② 문헌 제목의 알파벳순으로 나열한다.

문헌의 종류에 따라 정보를 제시하는 방법이 모두 다름

각각의 문헌 정보를 제시할 때는 우선 기본적으로 다음과 같은 문헌의 종류를 구분해야 합니다. 인터넷이 상용화된 이후 참고자료를 인터넷에서 검색하는 학생들이 많아졌습니다. 하지만 학술적인 글쓰기에서는 출판물로 원전 확인이 가능한 자료를 참고하는 것이 좋습니다.

<문헌의 종류>

Ⓐ 학술지 논문 journal article	Ⓑ 단행본 book	Ⓒ 편저의 장 chapter in an edited book	Ⓓ 미간행 학위논문 unpublished theses & dissertations

마지막으로, 다른 종류의 문헌들을 참고문헌에 어떻게 제시하는지 확인해야 합니다. 쉼표, 마침표, 띄어쓰기, 대소문자, 이탤릭체 등을 모두 꼼꼼히 확인해야 아래 예시와 같은 정확한 참고문헌을 작성할 수 있습니다. (제가 학생 때 실수했던 것은 학술지 논문의 권volume과 호number를 붙이지 않고 띄어 쓴 것입니다.)

① 단행본

저자가 두 명일 때도 쉼표 사용.

저서명은 이탤릭체로 하고 첫 단어와 고유명사의 첫 글자만 대문자로 씀.

도시명: 출판사명

② 편저의 장

편저의 장명은 이탤릭체로 하지 않음.

In 뒤에 편저 정보

편저 저자 두 명일 때 쉼표 없음.

대문자, Eds.=Editors

편저 저자 세 명 이상일 때 쉼표 사용.

소문자, ed.=edition

해당 장의 쪽수

③ 저자 없는 단행본

④ 미간행 학위논문

학교명, 도시명

〈APA 형식 참고문헌 예시〉

References

Huddleston, R., & Pullum, G. K. (2002). *The Cambridge grammar of the English language*. Cambridge: Cambridge University Press.

Klein, W. (2009). How time is encoded. In W. Klein & P. Li (Eds.), *The expression of time* (pp. 39-82). Berlin: Mouton de Gruyter.

McCarthy M., & O'Keeffe, A. (2014). Spoken grammar. In M. Celce-Murcia, D. M. Brinton, & M. A. Snow (Eds.), *Teaching English as a second or foreign language* (4th ed., pp. 271-287). Boston: National Geographic Learning.

Oxford advanced learner's dictionary (9th ed.). (2015). Oxford: Oxford University Press.

Stowell, T. A. (1981). *Origins of phrase structure*. Unpublished doctoral dissertation, Massachusetts Institute of Technology, Cambridge.

⑤ 학술지 논문

학술지명은 이탤릭체로 하고 모든 의미어의 첫 글자는 대문자로 씀.

권(호)-권은 이탤릭체로 하고 권과 호 사이 띄어쓰기 없음.

논문의 쪽수

제목의 알파벳순으로 동일한 발행년도 a, b 순서 결정.

동일한 저자의 문헌은 과거에서 최근 순으로 나열.

공저자가 있는 논문은 단독 저자 논문 뒤로 나열.

Yoo, I. W. (2007a). Definite article usage before *last/next time* in spoken and written American English. *International Journal of Corpus Linguistics*, *12*(1), 83-105.

Yoo, I. W. (2007b). Five factors in interpreting *the last decade/century and the next decade/century* in American English. *Journal of Pragmatics*, *39*(9),1526-1546.

Yoo, I. W. (2014). Nonnative teachers in the expanding circle and the ownership of English. *Applied Linguistics*, *35*(1), 82-86.

Yoo, I. W., & Blankenship, B. (2003). Duration of epenthetic [t] in polysyllabic American English words. *Journal of the International Phonetic Association*, *33*(2), 153-164.

1. 학술적 본론에는 괄호인용표시(=전문가의 의견)가 꼭 포함되어야 한다.

2. 학술적 본론은 다음 순서로 구성한다.

> Ⓐ **주제문**
>
> Ⓑ **인용문**(괄호인용표시 필수)
>
> Ⓒ **인용문의 예시**(선택사항)
>
> Ⓓ **주제와 인용된 개념의 관련성 설명**

3. 참고문헌에는 본문에 인용된 자료의 정보만 포함한다.

4. 문헌의 종류에 따라 정보를 제시하는 방법이 모두 다르므로 쉼표, 마침표, 띄어쓰기, 대소문자, 이탤릭체 등을 모두 꼼꼼히 확인해야 한다.

Exercise 3

1. 두 번째 문장을 주장의 강도가 낮아지도록(=표현이 공손해지도록) 수정하세요.

Preservice secondary teachers who were exposed to focused freewriting activities during one semester did not improve significantly in their ability to think critically. This condition, however, was caused by the short period of time in which the experimental treatment was utilized.

2. 다음 두 문장의 빈칸을 해석에 맞게 적절한 단어로 채우세요.

ⓐ I looked _____ it and I fell in love with it. 나는 그것을 조사해 보았고 그것에 반했다.

ⓑ Fitzgerald's agent looked it _____ and advised him to pass.
Fitzgerald의 대리인은 그것을 살펴보고 그에게 거절하라고 조언했다.

3. 아래 표에 논문 각 장의 적정 분량을 적어 보세요.

논문의 구성		적정 분량(본문 50쪽 분량 기준)
제1장. 서론 Introduction		
본론 Body	제2장. 이론적 배경 Literature Review	
	제3장. 연구방법 Methods	
	제4장. 연구결과 Data Analysis	
제5장. 결론 Conclusion		
참고문헌 References		본문에 인용된 자료 모두 포함

4. 다음 세 개의 글쓰기 견본과 각각의 글쓰기 견본이 사용되는 상황을 적절히 연결하세요.

ⓐ Although X states __________, a careful examination of Ⓐ and Ⓑ indicates that ______________.	① Agreeing in part
ⓑ While X claims Ⓐ and Ⓑ, he fails to consider the important point ____________. Therefore, a more accurate conclusion is ____________.	② Correcting a factual mistake
ⓒ Although most of what X writes about Ⓐ is true, it is not true that ________________.	③ Refining another's argument

5. 다음 두 문장을 적절하게(원문의 문법적 구조를 바꾸고 쉬운 단어의 동의어를 사용해서) 말바꿔쓰기하세요.

Common sense demands that we not gratuitously offend readers, but if we reject *he* as a generic pronoun because it's biased and *they* because some readers consider it ungrammatical, we are left with a lot of bad choices. Some writers choose a clumsy *he or she*; others choose a worse *he/she* or even *s/he*.[35]

6. 아래는 단어 schedule의 미국식 발음에 관한 직접인용문인데, 인용된 문장의 어느 곳에 어떻게 schedule을 추가하면 될까요?

Schmitt and Marsden (2006) stated, "In the 18th century, Noah Webster recommended /skɛd/, on the basis that the word was of Greek origin, like *scheme* (though in fact it was not), and hence the usual American pronunciation today"(p. 126).

7. 아래 제시된 세 문헌의 종류를 박스에서 찾아 적고 각 문헌을 APA 형식에 맞게 수정하세요.

Eisenbeiss, S. (2000). The acquisition of the determiner phrase in German child language. In M.-A. Friedemann & L. Rizzi (Eds.), The acquisition of syntax: Studies in comparative developmental linguistics (pp. 26-62). London: Longman.

Lightbown, P. M., & Spada, N. (2013). How languages are learned (4th ed.). Oxford: Oxford University Press.

Shin, Y. K., Cortes, V., & Yoo, I. W. (2018). Using lexical bundles as a tool to analyze definite article use in L2 academic writing: An exploratory study. Journal of second language writing, 39 (1), 29-41.

ⓐ 학술지 논문 ⓑ 단행본 ⓒ 편저의 장

Exercise 3 Answers

1. Preservice secondary teachers who were exposed to focused freewriting activities during one semester did not improve significantly in their ability to think critically. This condition, however, may have been caused by the short period of time in which the experimental treatment was utilized. (COCA:1990:ACAD)

한 학기 동안 집중적인 자유작문 활동에 노출된 예비 중등교사들은 비판적으로 생각하는 능력이 크게 향상되지 않았다. 그러나 이 상태는 실험 처치가 사용된 기간이 짧았기 때문에 야기된 것일 수 있다.

2. ⓐ I looked into it and I fell in love with it. (COCA:2014:MAG)

나는 그것을 조사해 보았고 그것에 반했다.

ⓑ Fitzgerald's agent looked it over and advised him to pass. (COCA:2014:MAG)

Fitzgerald의 대리인은 그것을 살펴보고 그에게 거절하라고 조언했다.

3.

논문의 구성		적정 분량(본문 50쪽 분량 기준)
제1장. 서론 Introduction		3~5쪽
본론 Body	제2장. 이론적 배경 Literature Review	5~10쪽
	제3장. 연구방법 Methods	1~5쪽
	제4장. 연구결과 Data Analysis	30~35쪽
제5장. 결론 Conclusion		2~5쪽
참고문헌 References		본문에 인용된 자료 모두 포함

4. ① Agreeing in part: Although most of what X writes about Ⓐ is true, it is not true that ___________________.

② Correcting a factual mistake: Although X states ___________, a careful examination of Ⓐ and Ⓑ indicates that _________________.

③ Refining another's argument: While X claims Ⓐ and Ⓑ, he fails to consider the important point ______________. Therefore, a more accurate conclusion is ______________.

5. Offending readers gratuitously should be avoided at all cost. However, rejecting *he* and *they* as generic pronouns because the former is biased and the latter ungrammatical may lead writers to adopt less attractive alternatives such as *he or she*, *he/she*, and *s/he*.

불필요하게 독자들을 불쾌하게 하는 것은 무슨 수를 써서라도 피해야 한다. 그러나 he는 편향되었고 they는 문법적이지 않기 때문에 일반 대명사로 he와 they를 거부하는 것은 작가로 하여금 he or she, he/she, 그리고 s/he와 같은 덜 매력적인 대안을 채택하게 만들 수 있다.

6. Schmitt and Marsden (2006) stated, "In the 18th century, Noah Webster recommended /skɛd/, on the basis that the word [schedule] was of Greek origin, like *scheme* (though in fact it was not), and hence the usual American pronunciation today" (p. 126).

Schmitt와 Marsden(2006)은 "18세기에 Noah Webster는 schedule이라는 단어가 scheme처럼(사실 그렇지는 않았지만) 그리스어에서 유래되었다는 것을 근거로 /skɛd/를 권장했고 그 결과 오늘날의 일반적인 미국 발음이 되었다"고 말했다.

7. ⓒ 편저의 장

Eisenbeiss, S. (2000). The acquisition of the determiner phrase in German child language. In M.-A. Friedemann & L. Rizzi (Eds.), *The acquisition of syntax: Studies in comparative developmental linguistics* (pp. 26-62). London: Longman.

ⓑ 단행본

Lightbown, P. M., & Spada, N. (2013). *How languages are learned* (4th ed.). Oxford: Oxford University Press.

ⓐ 학술지 논문

Shin, Y. K., Cortes, V., & Yoo, I. W. (2018). Using lexical bundles as a tool to analyze definite article use in L2 academic writing: An exploratory study. *Journal of Second Language Writing*, *39*(1), 29-41.

대문자

주

PART 1

1 Larsen-Freeman, D., & Celce-Murcia, M. (2016, pp. 40-42). *The grammar book: Form, meaning, and use for English language teachers* (3rd ed.). Boston: National Geographic Learning.

2 Retrieved August 24, 2018, from https://namu.wiki/w/I%C2%B7SEOUL%C2%B7U#fn-3

3 Pinker, S. (2000, p. 50). *Words and rules: The ingredients of language.* New York: Perennial.

4 Cuddy, A. (2016, p. 13). *Presence: Bringing your boldest self to your biggest challenges.* London: Orion.

5 유원호. (2015, p. 138). *Grammar 절대 매뉴얼–입문편*. 서울: 넥서스.

6 유원호. (2015, p. 67). *Grammar 절대 매뉴얼–입문편*. 서울: 넥서스.

7 Larsen-Freeman, D., & Celce-Murcia, M. (2016, p. 359). *The grammar book: Form, meaning, and use for English language teachers* (3rd ed.). Boston: National Geographic Learning.

8 유원호. (2018, pp. 150-151). *Grammar 절대 매뉴얼–실전편* (2nd ed.). 파주: 넥서스.

9 Fagan, S. M. B. (1988, p. 181). The English middle. *Linguistic Inquiry, 19*(2), 181-203.

10 Roberts, I. (1997, p. 73). *Comparative syntax*. London: Arnold.

11 Gaiman, N. (2017, p. 56). *Norse mythology*. New York: Bloomsbury.

12 Friedmann, N., Taranto, G., Shapiro, L. P., & Swinney, D. (2008, p. 357). The leaf fell (the leaf): The online processing of unaccusatives. *Linguistic Inquiry*, *39*(3), 355-377.

13 Roberts, I. (1997, p. 74). *Comparative syntax*. London: Arnold.

14 *Oxford advanced learner's dictionary* (9th ed.). (2015, p. 555). Oxford: Oxford University Press.

15 Radford, A. (2009, p. 208). *An introduction to English sentence structure.* Cambridge: Cambridge University Press.

16 Levin, B., & Rappaport Hovav, M. (1995, p. 13). *Unaccusativity: At the syntax-lexical semantics interface.* Cambridge, MA: The MIT Press.

17 Retrieved on August 3, 2018, from https://money.cnn.com/2005/12/05/real_estate/buying_selling/forget_this_housing_market/index.htm

18 Allan, K. (1980, p. 547). Nouns and countability. *Language, 56*, 541-567.

19 Ibid, pp. 555-563.

20 Swales, J. M., & Feak, C. B. (2012, p. 397). *Academic writing for graduate students: Essential tasks and skills* (3rd ed.). Ann Arbor: The University of Michigan Press.

21 *Oxford advanced learner's dictionary* (9th ed.). (2015, p. 1315). Oxford: Oxford University Press.

22 Swales, J. M., & Feak, C. B. (2004, p. 292). *Academic writing for graduate students: Essential tasks and skills* (2nd ed.). Ann Arbor: The University of Michigan Press.

23 Thewlis, S. H. (2000, p. 312). *Grammar dimensions 3: Form, meaning, and use* (Platinum ed.). Boston: Heinle & Heinle.

24 Master, P. (1996, p. 218). *Systems in English grammar: An introduction for language teachers.* Englewood Cliffs, NJ: Prentice-Hall.

25 유원호. (2018, pp. 188-192). *Grammar 절대 매뉴얼–실전편* (2nd ed.). 파주: 넥서스.

26 Faulker, W. (1931, p. 1). *Sanctuary*. New York: Random House.

27 Larsen-Freeman, D., & Celce-Murcia, M. (2016, p. 289). *The grammar book: Form, meaning, and use for English language teachers* (3rd ed.). Boston: National Geographic Learning.

28 Ruggiero, V. R. (2006, p. 193). *Becoming a critical thinker: A master student text* (5th ed.). Boston: Houghton Mifflin Company.

29 Larsen-Freeman, D., & Celce-Murcia, M. (2016, p. 338). *The grammar book: Form, meaning, and use for English language teachers* (3rd ed.). Boston: National Geographic Learning.

30 유원호. (2012, p. 92). *Writing 절대 매뉴얼–입문편*. 서울: 넥서스.

31 Huddleston, R, & Pullum, G. K. (2002, p. 559). *The Cambridge grammar of the English language.* Cambridge: Cambridge University Press.

32 유원호. (2012, pp. 49-51). *Writing 절대 매뉴얼–입문편*. 서울: 넥서스.

33 Honegger, M. (2005, pp. 172-174). *English grammar for writing.* Boston: Houghton Mifflin Company.

34 Huddleston, R, & Pullum, G. K. (2002, p. 599). *The Cambridge grammar of the English language.* Cambridge: Cambridge University Press.

35 Harari, Y. N. (2017, p. 217). *Homo deus: A brief history of tomorrow.* London: Vintage.

36 유원호. (2018, p. 228). *Grammar 절대 매뉴얼–실전편* (2nd ed.). 파주: 넥서스.

37 Schmitt, N., & Marsden, R. (2006, p. 66). *Why is English like that?: Historical answers to hard ELT questions.* Ann Arbor: The University of Michigan Press.

38 Lindstromberg, S. (2010, p. 205). *English prepositions explained.* Philadelphia, PA: John Benjamins.

39 Kennedy, G. (1998, p. 139). *An introduction to corpus linguistics.* London: Longman.

40 Lindstromberg, S. (2010, p. 207). *English prepositions explained.* Philadelphia, PA: John Benjamins.

41 Roberts, I. (1997, p. 88). *Comparative syntax.* London: Arnold.

42 Schmitt, N., & Marsden, R. (2006, p. 65). *Why is English like that?: Historical answers to hard ELT questions.* Ann Arbor: The University of Michigan Press.

43 Bloor, T., & Bloor, M. (2013, p. 131). *The functional analysis of English* (3rd ed.). London: Routledge.

44 Ibid., p. 225

45 Williams, J. M. (2005, p. 50). *Style: Ten lessons in clarity and grace* (8th ed.). New York: Pearson Longman.

46 Retrieved October 8, 2018, from https://www.dictionary.com/browse/canberra?s=t

47 Dennett, D. C. (1991, p. 454). *Consciousness explained.* Harmondsworth: Penguin.

48 Harari, Y. N. (2017, p. 34). *Homo deus: A brief history of tomorrow.* London: Vintage.

49 Retrieved November 10, 2016, from https://www.nytimes.com/2016/11/09/us/politics/donald-trump-won-now-what.html

50 Retrieved November 3, 2016, from https://www.theguardian.com/us-news/2016/oct/28/hillary-clinton-fbi-new-email-investigation?CMP=share_btn_link

51 Carnie, A. (2013, p. 374). *Syntax: A generative introduction* (3rd ed.). Oxford: Wiley-Blackwell.

52 Helmer, J., & Eddington, N. A. (Eds.). (1973, p. vii). *Urbanman: The psychology of urban survival.* New York: The Free Press.

53 Ford, F. M. (1972, p. 8). *The good soldier: A tale of passion. London:* Penguin Books. (Original work published 1915).

54 Gaiman, N. (2017, p. 158). *Norse mythology.* New York: Bloomsbury.

55 Retrieved November 10, 2016, from https://www.nytimes.com/2016/11/10/us/politics/donald-trump-presidential-agenda.html

56 Derwing, T. M., & Munro, M. J. (2015, back cover). *Pronunciation fundamentals: Evidence-based perspectives for L2 teaching and research.* Amsterdam: John Benjamins Publishing Company.

57 Celce-Murcia, M., & Yoo, I. W. (2014, p. 7). Discourse-based grammar and the teaching of academic reading writing in EFL contexts. *English Teaching, 69*(1), 3-21.

58 Retrieved November 29, 2018, from https://topspeedgolf.com/vault/best-tip-to-strike-your-irons-pure/?lp=yes&arrand=1543414531&utm_source=drip&utm_medium=email&utm_campaign=ddf77_19_strike_irons_pure

PART 2

1 *Longman dictionary of English language and culture*. (1992, p. 277). Harlow: Longman.

2 Swales, J. M., & Feak, C. B. (2012, p. 37). *Academic writing for graduate students: Essential tasks and skills* (3rd ed.). Ann Arbor: The University of Michigan Press.

3 Ford, F. M. (1972, p. 227). *The good soldier: A tale of passion. London: Penguin Books.* (Original work published 1915).

4 Williams, J. M. (2005, p. 146). *Style: Ten lessons in clarity and grace* (8th ed.). New York: Pearson Longman.

5 Schmitt, N., & Marsden, R. (2006, p. 123). *Why is English like that?: Historical answers to hard*

ELT questions. Ann Arbor: The University of Michigan Press.

6 Toye, R. (2013, p. 7). *Rhetoric: A very short introduction.* Oxford: Oxford University Press.

7 Gaiman, N. (2017, p. 212). *Norse mythology.* New York: Bloomsbury.

8 Schmitt, N., & Marsden, R. (2006, p. 60). *Why is English like that?: Historical answers to hard ELT questions.* Ann Arbor: The University of Michigan Press.

9 Graff, G., & Birkenstein, C. (2017, pp. 9-10). *They say I say: The moves that matter in academic writing* (4th ed.). New York: W. W. Norton & Company.

10 Harari, Y. N. (2017, p. 214). *Homo deus: A brief history of tomorrow.* London: Vintage.

11 *Longman dictionary of English language and culture.* (1992, p. 911). Harlow: Longman.

12 Biber, D., Johansson, S., Leech, G., Conrad, S., & Finegan, E. (1999, pp. 716-717). *Longman grammar of spoken and written English.* London: Longman.

13 Huddleston, R, & Pullum, G. K. (2002, p. 1248). *The Cambridge grammar of the English language.* Cambridge: Cambridge University Press.

14 Ibid., p. 1263.

15 Graff, G., & Birkenstein, C. (2017, p. 14). *They say I say: The moves that matter in academic writing* (4th ed.). New York: W. W. Norton & Company.

16 Larsen-Freeman, D., & Celce-Murcia, M. (2016, p. 522). *The grammar book: Form, meaning, and use for English language teachers* (3rd ed.). Boston: National Geographic Learning.

17 O'Donnell, T. D., & Paiva, J. L. (1993, p. 86). *Independent writing* (2nd ed.). Boston: Heinle & Heinle.

18 Larsen-Freeman, D., & Celce-Murcia, M. (2016, p. 523). *The grammar book: Form, meaning, and use for English language teachers* (3rd ed.). Boston: National Geographic Learning.

19 Harari, Y. N. (2017, p. 77). *Homo deus: A brief history of tomorrow.* London: Vintage.

20 Ibid, p. 65.

21 Williams, J. M. (2005, p. 141). *Style: Ten lessons in clarity and grace* (8th ed.). New York: Pearson Longman.

22 Huddleston, R, & Pullum, G. K. (2002, p. 1266). *The Cambridge grammar of the English language.* Cambridge: Cambridge University Press.

23 Retrieved November 3, 2016, from https://www.theguardian.com/us-news/2016/oct/28/hillary-clinton-fbi-new-email-investigation?CMP=share_btn_link

24 Williams, J. M. (2005, p. 139). Style: *Ten lessons in clarity and grace* (8th ed.). New York: Pearson Longman.

25 Ibid.

26 Harari, Y. N. (2017, p. 18). *Homo deus: A brief history of tomorrow.* London: Vintage.

27 Hacker, D. (1999, p. 205). *A writer's reference* (4th ed.). Boston: Bedford/St. Martin's.

28 Schmitt, N., & Marsden, R. (2006, p. 35). *Why is English like that?: Historical answers to hard ELT questions.* Ann Arbor: The University of Michigan Press.

29 Swales, J. M., & Feak, C. B. (2004, p. 102). *Academic writing for graduate students: Essential tasks and skills* (2nd ed.). Ann Arbor: The University of Michigan Press.

30 Foley, M., & Hall, D. (2012, p. 226). *MyGrammarLab: Intermediate.* Harlow, Essex: Pearson.

31 Tao, H., & McCarthy, M. J. (2001, p. 671). Understanding non-restrictive *which*-clauses in spoken English, which is not an easy thing. *Language Sciences, 23*(6), 651-677.

32 Schmitt, N., & Marsden, R. (2006, p. 136). *Why is English like that?: Historical answers to hard ELT questions.* Ann Arbor: The University of Michigan Press.

33 Retrieved November 10, 2018, from https://www.laphamsquarterly.org/roundtable/top-chef-old-master

34 Williams, J. M. (2005, p. 151). *Style: Ten lessons in clarity and grace* (8th ed.). New York: Pearson Longman.

35 Ibid, p. 139.

36 Ibid.

37 Ibid.

38 Aarts, B. (2011, pp. 315-316). *Oxford modern English grammar.* Oxford: Oxford University Press.

39 Retrieved November 03, 2018, from http://archive.boston.com/news/globe/editorial_opinion/editorials/articles/2005/02/11/n_koreas_nuclear_ploy/

40 Strunk Jr., W., & White, E. B. (1979, pp. 32-33). *The elements of style* (3rd ed.). New York: Macmillan.

41 Wilbers, S. (2014, pp. 223-224). *Mastering the craft of writing: How to write with clarity, emphasis, and style.* Cincinnati, OH: Writer's Digest Books.

42 Brinton, L. J., & Brinton, D. M. (2010, p. 114). *The linguistic structure of modern English.* Amsterdam: John Benjamins Publishing Company.

43 Du Bois, J. W. (1987). The discourse basis of ergativity. *Language, 63*(4), 805-855.

44 Ibid, pp. 823, 827.

45 Aarts, B. (2011, pp. 315-316). *Oxford modern English grammar.* Oxford: Oxford University Press.

46 Perry, D. J. (1996, p. 47). The relevance of selected English-usage principles. *Technical Communication, 43*(1), 39-50.

47 Williams, J. M. (2005, p. 97). *Style: Ten lessons in clarity and grace* (8th ed.). New York: Pearson Longman.

48 Larsen-Freeman, D., & Celce-Murcia, M. (2016, p. 466). *The grammar book: Form, meaning, and use for English language teachers* (3rd ed.). Boston: National Geographic Learning.

49 Ibid, p. 467.

50 Barrie, M., & Yoo, I. W. (2017, p. 510). Bare nominal adjuncts. *Linguistic Inquiry, 48*(3), 499-512.

51 Larsen-Freeman, D., & Celce-Murcia, M. (2016, p. 363). *The grammar book: Form, meaning, and use for English language teachers* (3rd ed.). Boston: National Geographic Learning.

52 Frodesen, J. (2014, p. 242). Grammar in second language writing. In M. Celce-Murcia, D. M. Brinton, & M. A. Snow (Eds.), *Teaching English as a second language or foreign language* (4th ed., pp. 238-253). Boston: National Geographic Learning.

53 Halliday, M. A. K., & Hasan, R. (1976). *Cohesion in English.* London: Longman.

54 Celce-Murcia, M., & Yoo, I. W. (2014, p. 6). Discourse-based grammar and the teaching of academic reading and writing in EFL contexts. *English Teaching, 69*(1), 3-21.

55 Retrieved August 10, 2018, and adapted from https://www.thenational.ae/world/inventions-with-good-intentions-simple-creations-to-improve-life-in-developing-countries-1.118269

56 Retrieved November 03, 2016, from https://www.theguardian.com/us-news/2016/oct/28/hillary-clinton-fbi-new-email-investigation?CMP=share_btn_link

57 Perry, D. J. (1996, p. 39). The relevance of selected English-usage principles. *Technical Communication, 43*(1), 39-50.

58 Williams, J. M. (2005, p. 240). *Style: Ten lessons in clarity and grace* (8th ed.). New York: Pearson Longman.

59 Harari, Y. N. (2017, p. 77). *Homo deus: A brief history of tomorrow.* London: Vintage.

60 Foley, M., & Hall, D. (2012, p. 245). *MyGrammarLab: Advanced.* Harlow, Essex: Pearson.

61 Brinton, L. J., & Brinton, D. M. (2010, p. 340). *The linguistic structure of modern English.* Amsterdam: John Benjamins Publishing Company.

62 Aristotle. (1991, p. 75). *The art of rhetoric.* (H. C. Lawson-Tancred, Trans.). London: Penguin Books. (Original work published the 4th century BC)

63 Retrieved November 10, 2016, from https://www.nytimes.com/2016/11/10/us/politics/donald-trump-presidential-agenda.html

64 Bloor, T., & Bloor, M. (2013, p. 242). *The functional analysis of English* (3rd ed.). London: Routledge.

65 Swales, J. M., & Feak, C. B. (2012, p. 196). *Academic writing for graduate students: Essential tasks and skills* (3rd ed.). Ann Arbor: The University of Michigan Press.

PART 3

1 Retrieved November 6, 2018, from https://ko.dict.naver.com/#/entry/koko/48f910524de24889a4646d8ca77fbda4

2 *Oxford advanced learner's dictionary* (9th ed.). (2015, p. 1077). Oxford: Oxford University Press.

3 Bloor, T., & Bloor, M. (2013, p. 232). *The functional analysis of English* (3rd ed.). London: Routledge.

4 유원호. (2018, p. 116). *Grammar 절대 매뉴얼-실전편* (2nd ed.). 파주: 넥서스.

5 Retrieved October 17, 2017, from http://www.post-gazette.com/Gettysburg-Stories/2013/11/19/Address-had-biblical-cadence/stories/201311190063

6 Swales, J. M., & Feak, C. B. (2004, p. 18). *Academic writing for graduate students: Essential tasks and skills* (2nd ed.). Ann Arbor: The University of Michigan Press.

7 유원호. (2017, pp. 12-13). *Speaking 절대 매뉴얼*. 파주: 넥서스.

8 Swales, J. M., & Feak, C. B. (2012, p. 17). *Academic writing for graduate students: Essential tasks and skills* (3rd ed.). Ann Arbor: The University of Michigan Press.

9 Lester, L, & Resnick, J. (2003, p. 309). *Text & thought: An integrated approach to college reading & writing* (2nd ed.). New York: Longman.

10 Retrieved November 20, 2018, from https://www.time4writing.com/writing-resources/types-of-essays/

11 Swales, J. M., & Feak, C. B. (2012, p. 103). *Academic writing for graduate students: Essential tasks and skills* (3rd ed.). Ann Arbor: The University of Michigan Press.

12 Retrieved November 10, 2018, from https://terms.naver.com/entry.nhn?docId=3431437&cid=40942&categoryId=31500

13 Graff, G., & Birkenstein, C. (2017, p. 11). *They say I say: The moves that matter in academic writing* (4th ed.). New York: W. W. Norton & Company.

14 Rottenberg, A. T., & Winchell, D. H. (2015, pp. 116-118). *Elements of argument: A text and reader* (11th ed.). Boston: Bedford/St. Martin's.

15 Aaron, J. E. (2000, p. 133). *The little, brown essential handbook for writers* (3rd ed.). New York: Longman.

16 Ramage, J. D., Bean, J. C., & Johnson, J. (2007, p. 391). *Writing arguments: A rhetoric with readings* (7th ed.). New York: Pearson Education.

17 Strunk Jr., W., & White, E. B. (1979, p. 31). *The elements of style* (3rd ed.). Needham Heights. MA: Allyn & Bacon.

18 Ibid.

19 Ibid.

20 Ibid.

21 Retrieved November 13, 2018, from https://www.nature.com/articles/436024c

22 Widdowson, H. G. (1978, p. 80). *Teaching language as communication.* Oxford: Oxford University Press.

23 Brinton, D., Frodesen, J., Holten, C., Jensen, L., & Repath-Martos, L. (1997, p. 71). *Insights 2: A content-based approach to academic preparation.* New York: Longman.

24 Bloor, T., & Bloor, M. (2013, p. 4). *The functional analysis of English* (3rd ed.). London: Routledge.

25 Bloor, T., & Bloor, M. (2013, p. 4). *The functional analysis of English* (3rd ed.). London: Routledge.

26 Swales, J. M., & Feak, C. B. (2012, p. 20). *Academic writing for graduate students: Essential tasks and skills* (3rd ed.). Ann Arbor: The University of Michigan Press.

27 *Publication manual of the American psychological association* (5th ed.). (2001, p. 118). Washington, DC: American Psychological Association.

28 Hacker, D., & Sommers, N. (2016, p. 451). *Rules for writers* (8th ed.). Boston: Bedford/St. Martin's.

29 Gaiman, N. (2017, p. 77). *Norse mythology.* New York: Bloomsbury.

30 Retrieved November 03, 2016, from https://www.theguardian.com/us-news/2016/oct/28/hillary-clinton-fbi-new-email-investigation?CMP=share_btn_link

31 Yoo, I. W. (2008). Teaching the academic body paragraph in content-based instruction. *English Teaching, 63*(3), 119-133.

32 Brinton, D., Frodesen, J., Holten, C., Jensen, L., & Repath-Martos, L. (1997, p. 93). *Insights 2: A content-based approach to academic preparation.* New York: Longman.

33 유원호. (2012, p. 145). *Writing 절대 매뉴얼-입문편*. 서울: 넥서스.

34 Hacker, D. (1999, p. 387). *A writer's reference* (4th ed.). Boston: Bedford/St. Martin's.

35 Williams, J. M. (2005, p. 26). *Style: Ten lessons in clarity and grace* (8th ed.). New York: Pearson Longman.